日本人はなぜ存在するか

與那覇 潤

集英社文庫

日本人はなぜ存在するか　目次

第2章　「日本史」はなぜ間違えるか　39

第3章　「日本国籍」に根拠はあるか　56

第4章 「日本民族」とは誰のことか　77

第5章 「日本文化」は日本風か　93

［凡　例］

・文庫化に際しての修正は最小限に留め、２０１８年４月時点での情報に基づいて一部補足しました。その部分に関しては〔　〕で示しています。

・引用文中の［　］は引用者による補足、「……」は省略を示すものです。

・引用文の末尾にある頁数は、原書の何ページから引いたものかを示します。

・本文中では煩瑣を避けるため、引用する文献の題目だけを記しました。書誌事項については、巻末の「もっと学びたい人のために［参考文献］」をご覧ください。

・図版のみを引用する場合は、図版下部に出典と書誌事項を略記し、巻末の文献一覧への掲載を省きました。

日本人はなぜ存在するか

introduction　グローバル時代の「教養」とはなにか

グローバル化と「教養」の復権？

本書は、愛知県立大学の教養科目として、2009年から（14年まで）私が担当していた「日本の歴史・文化」の授業を講義録にしたものです。もっとも科目名の印象に反して、日本史の概説書や伝統芸能のガイドブックではなく、むしろ人文系のさまざまな方法論についてひとつずつ、その特徴や切り口を紹介しながら日本文化を考える「文系学問オードブル」のような内容になっています。まずは、なぜそうなるのかを、少し説明しましょう。

教養科目とは、大学生が自分の所属する学部・学科で学ぶ「専門科目」――法学とか経済学とか医学とか――に対する用語で、さまざまな専攻の学生が、学部や学科の枠を超えて共通に履修する科目を指します。そのため教養科目というと、それぞれの学生がそれを学びたくて大学に入った専門科目に比べて、「ワンランク下の科目」「入門的な話ばかりで、レベルの低い科目」とみなされることもあります。実際にそういう認識が強かったので、20世紀の終わりには多くの日本の大学が、もっぱらこの教養科目のみを担当する先生たちを集めて作っていた「教養学部」や「教養課程」を解体しました。

ところがどういう風の吹き回しか、21世紀、特に2010年代に入ってから、大学行政ではふたたび「教養教育」の重視が言われるようになりました。どうやら、世間で「グローバル化への対応」が、大学に求められるようになったことに即した動きらしい。特定の学問しか知らない「専門バカ」は、自分が専攻した領域に引きこもりがちで、得た知識も社会に出てから役に立たない。グローバル化した世界で求められる人材とは、むしろ将来いかなる国、いかなる分野に進もうと通用する「教養」を備えた存在なのだ――。なんだか、そういう雰囲気があるようです。2004年に秋田県で開校した「国際教養大学」が、当初の予想を上回る好評を博したのも、影響しているみたいです。

結果として、いろいろな大学が教養科目のテコ入れを図るようになり、なかには一度は廃止した教養学部を、実質的に復活させるというところもあります。なにせ、グローバル化に対応するための復活ですから、（日本人を減らして）外国人の教員を増やしたり、（日本語を使わずに）英語で教える講義を設けたりすることが、よりよい教養科目の設置法なのだと、思っている人たちもいるようです。それも、けっこう「偉い」人たちに。

教養とは「特定の文脈を超える力」のこと

しかし、そもそもグローバル化とは、またその下で必要とされる教養とは、いったいなんでしょうか。日本人でもみんなが英語を使って、しかしやっぱり母語ではない分のハンディキャップは残りますから、日本語で行うときよりは一段レベルを落とした議論をする。それが、グローバル化する世界で、日本の大学に求められることなのでしょうか。

文化人類学の概念に、「ハイコンテクスト／ローコンテクスト」という、社会の二分法があります。コンテクスト（context）とは「文脈」のこと。ハイコンテクストな社会とは、人々があらかじめ文脈を共有している度合いが高い、つまりいちいちことばにして説明しなくても、「あうんの呼吸」や「ツーカー」で話が通じる状態を指します。たとえば、みんなが同じ土地に先祖代々定住している農村集落とか、メンバー全員が特定の信仰を最初から共有している宗教集団などは、きわめてハイコンテクストな社会ですね。

一方、ローコンテクストな社会では、人々の帰属が流動化して出入りが激しかったり、多種多様な価値観のメンバーが集まったりしていますから、相互に文脈を共有している度合いが低い。したがって「空気読め」では話が通じないので、いったい自分はなにを前提として、いかなることを伝えたいのかを、逐一言語化して説明しなければいけません。

ここまででおわかりのとおり、グローバル化とは実は、「ハイコンテクストだった社会が、ローコンテクストな状態に移行してゆくこと」の一環なのです。つまり、そこでは単に「英語ができるから」通用する人材になれるということはありません。むしろ求められるのは、何語であれ、自分の側の文脈（前提とする知識や価値観）を自明視せずに、自分とはまったく違う前提や背景を持っている人たちにも理解できるかたちで、自分の考えていることを表現する能力です。

いわば、従来はハイコンテクストだったものを、ローコンテクストに翻訳することで、特定の文脈を超えてゆく力。たとえば「日本人なら、誰もが『あるある』と思うこと」を、この「日本人なら」という前提を外しても相手に通じるように、なにがどう「ある」のかを説明できる技量を養う教育が、本当は必要です。

そして実は、それこそがまさに従来から、専門科目とは別個の「教養科目」に求められてきたことなのです。当然ですが、日本史学にせよ機械工学にせよ、同じ専門を共有している教員・学生どうしの方が、ハイコンテクストな集団になりますよね。だからこそお互いに自明の前提は解説をスキップすることで、高いレベルの議論を効率的に展開できる。もちろん、それ自体はすばらしいことです。しかし、それとは逆方向の能力もつちかう必要があるからこそ、大学には教養科目というものが設けられているのです。

「日本人」をローコンテクスト化する

私たちは「日本人なら、こうだよね」と言われたときに、つい「うんうん」とうなずきがちな社会を作ってきました。それこそアメリカ人なら「ごめん、君が言っているのは米国本土の人のこと？　それとも、君が日本で会ったアメリカ人？　他にも人種や宗教によってもだいぶ違うんだけど、どのアメリカ人を想定して話をしてるの？」とツッコまれそうなところでも、「まぁ、みんな日本人だしね」で通ってきた。つまり日本人は、これまで相対的にハイコンテクストな社会を生きてきたので、そのことが、グローバル社会という究極のローコンテクスト状況への対応を、難しくしているところがあります。

だとすれば、まず私たちがやるべきは、そうした日本人を可能なかぎり「ローコンテクスト化」することです。その作業は、特定の専門を共有していないことを前提にさまざまな学問に触れてゆく教養科目の現場と、実に親和性が高い。だから私の授業では、毎回異なる方法論を取り上げながら、私たちがなんとなく（＝ハイコンテクストに）自明視してきた「日本人」とは、実際のところどういう存在なのかを考えてきました。結果として本書も、哲学や文芸批評から、心理学、社会学、地域研究などまで、多様な文系学問のセンスが身につく内容にできたのではないかと、（ちょっとだけ）自負しています。

そしてこういう、私たち自身の思考の前提や、アイデンティティの根幹に関わることをいったん解きほぐし、新しいかたちに再編しなおす試みは、「自分がもっとも得意とする言語」でなければ、できないものだと思います。たとえば英語で考えろと言われたら、多くの日本人は日本語よりも、語彙が乏しくなる。その少ない語彙にむりやり自分の言いたいことを詰め込もうとすると、かえって「海外へ行ってわかったのは、やっぱり日本人には日本の個性があるということです」式の、ハイコンテクストなままの日本人像ができてしまう。本書が、それとは違う道を示すことになっていればと、願っています。

本書は編集者の松川えみさん、田中伊織さんを相手に出版社で行った出張講義を、ライターの岡田仁志さんにまとめていただいた草稿をもとに、全面的に手を入れたものです。第3章については、畏友・吉川美華さんの校閲を経ました。記して、御礼《おれい》申し上げます。

そしてなにより、原型になった2005年の学習院女子大学での「日本人論」の講義も含めて、いままで私の授業を熱心に聞いてくれた、学生さんたちに感謝を。本当に、ありがとう。みなさんのおかげで、ここまでこれました。

Part 1　入門編

日本人論を考える

第1章 「日本人」は存在するか

文脈によって変わる「日本人」の定義

いきなり「日本人は存在するか？」と質問されたら、この国のたいがいの人はポカンとするだろうと思います。「いや、だってオレ、日本人だから」と笑う人もいれば、「日本人の私に向かって、なにを失礼な！」と怒り出す人もいるかもしれません。たしかに、たとえば「日本国籍を持っている人」を日本人の定義とするなら、これは愚問になります。

でも、現在の国籍制度が始まる前から、日本列島には人が住んでいましたよね。しかし、彼らの時代には「日本国籍」がなかったから、彼らは日本人ではないとは普通言わない。そう考えると、なにをもって「日本人」とするのかは、国籍の有無だけでは決められません。

図1●「日本人」のさまざまなパターン

（杉本良夫とロス・マオア『日本人論の方程式』ちくま学芸文庫より）

国籍	日本語能力	民族的血統	現居住地	具体例
+	+	+	+	いわゆる「われわれ日本人」（つまり在日・日本人）
−	+	−	+	在日韓国・朝鮮人
+	+	+	−	日本企業の海外駐在員
+	+	−	+	アイヌ、日本国籍に帰化した人たち
−	+	+	+	日本国籍を放棄した海外移民一世
−/+	+/−	+	−	海外移住者の子供たち
−	−/+	−	+	日本国内の「外国人労働者」
−	+/−	+	+	日本在住の日系ブラジル人三世
+	−	+	+	帰国子女の一部
+	−	+	−	海外子女の一部
+	+	+/−	+	日本在住の国際結婚の子供たち
−	−	+	−	日本語を使えない海外の日系三世
−	+	−	−	海外の日本研究者の大半

「＋」は属性が存在していることを示し、「ー」は存在していないことを示す。

だとすると、「日本人」とはなんなのか。

海外に居住している日本国籍の人もいます。日本に住んでいる外国籍の人もいます。帰国子女、日本に帰化した人、国際結婚で生まれた子供、海外に移住した日系移民、その子孫……。仮に、「国籍が日本である」「日本語を話して暮らす」「出自が『日本民族』である」「いま日本に住んでいる」の4つの指標で考えた場合、すべてにあてはまらない人はさすがに除くとしても、2の4乗から1を引いて実に15通りの「日本人」のパターンがありうることになります【図1】。そのうちどこまでが日本人で、どこからがそうではないと、一律に定義できる基準はあるのでしょうか。

どうでしょう。そう簡単には答えが出なそうですよね？　どうやら「日本人は存在するか？」という問いへの答えは、それほど自明のものではないようです。

私たちはふだん、「いまは、国籍制度の話をしているから」「南米の日系人コミュニティの話題だから」といったかたちで、その場その場の会話の文脈ごとに「日本国籍保有者が日本人」「『日本民族』の血を引いているから日本人」などの定義を、使い分けて会話をしている。しかしそういった個別の文脈を超えて、客観的に実在する存在として「日本人」を捉えようとすると、その正体はとたんにあいまいになり、するりと私たちの手から逃れてしまうようです。

見る人がいなくても「夕焼けは赤い」か？——哲学で考える

当たり前に存在すると思っていたものが、深く考えると本当は存在しないのかもしれない。実は、自然現象も含めて、この世界にはそんなことがたくさんあります。

地球上からいっさいの生物が絶滅したとするね。
——いきなり、何さ。
そのとき、それでも夕焼けはなお赤いだろうか。（12頁）

これは、哲学者の野矢茂樹《のやしげき》氏が書いた入門書『哲学の謎』の冒頭にある一節です。

図2●哲学の認識論

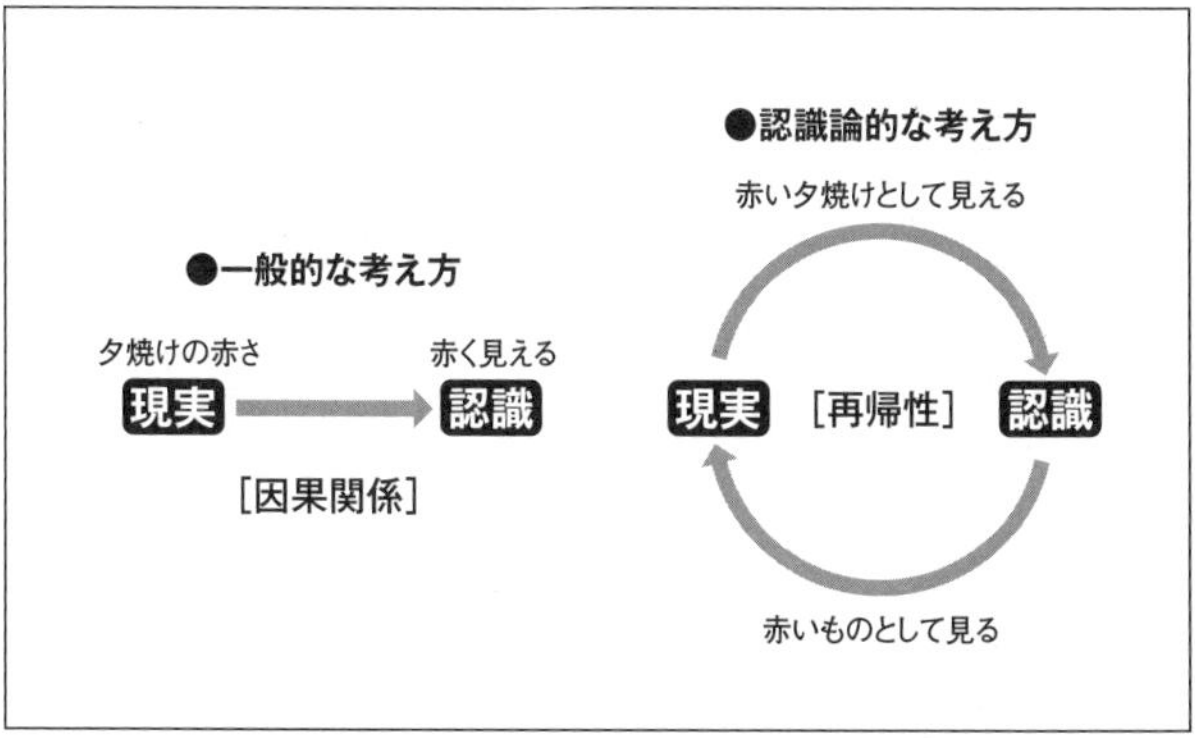

「そんなの、赤いに決まってる」と思った人もいるでしょう。でも、よく考えてください。夕焼けは、太陽自体に「赤い」という性質があるから、赤いのでしょうか。

たとえば、健康診断でときどき検査があるように、色覚として赤と緑を区別できない障碍《しょうがい》がありますよね。もし「いっさいの生物が絶滅」する寸前、ただひとり残った人類最後の1名がそうであった場合に、はたして夕焼けは「赤い」と言えるのでしょうか。また、生物のほとんどは人間とは色覚が違う（色覚どころか視覚のない生物もいる）でしょう。人間が絶滅し、ゾウリムシやコウモリだけが残っていた場合、彼らは夕焼けをどう感受するのでしょうか。「それでも夕焼けはなお赤いだろうか」、これが、野矢氏の問いかけです。

こういう命題を考える哲学の分野を、認識論と言います。そこでは「夕焼けが赤いから人間には赤く見える」という考え方を、素直には信じません。「赤い夕焼け」という現実がまず存在して、それをあるがままに人間が認識するのではなく、人間がそれを認識するから「赤い夕焼け」という現象が現れると考える。「現実→認識」という一方向の単純な流れではなく、人間の認識が現実に働きかけることで「赤い夕焼け」なるものがはじめて出現し、それがふたたび人間の認識にフィードバックされる……というループが生じていると考えるのです【図2】。

だとすると、「日本人」についても同じことが言えることになります。認識論的に考えれば、あらかじめ実体として存在する日本人を私たちが認識しているのではなく、私たちが「日本人」と認識したものが、日本人として出現する。会話の文脈ごとに、私たちは「これこれの特性を備えた存在を日本人とみなそう」と定義し、その話題が持続するあいだだけ、その定義を満たす人々が「日本人」だと呼ばれている、ということになるわけです。

「日本人は集団主義的」は正しいか？——心理学で考える

このように「日本人」の輪郭自体があいまいだとすると、世間で言われる「日本人らしさ」の議論を耳にしたときも、気をつけて考える必要があります。それこそ「日本人とは、日本人論が好きな人々のことだ」という定義があるくらい、「だいたい、日本人ってのはさぁ……」という会話は、大学の授業でも、サラリーマンの酒席でも定番でしょう。なかでもよく聞くのが、「日本人は集団主義的だ」という話ですね。かなり多くの日本人が、「欧米人は個人主義的なのに対して、自分たちは集団主義的だ」と信じています。

しかし、これは本当でしょうか。心理学者の高野陽太郎《たかのようたろう》氏は『「集団主義」という錯覚』の中で、この見方を実証的に批判しています。

たとえば、ある人がどれくらい集団主義的かを調べる心理学の手法に、「同調行動」の実験があります。10名弱の人を部屋に集めて図のような2枚のカードを配り、「左のカードと同じ長さの線は、1～3のどれですか？」と質問する。当然、誰もが「2」だと思うでしょう【図3】。こういう、あからさまに簡単なテストを、何回も繰り返して行うのです。

図3●同調行動実験の課題例
（高野陽太郎『「集団主義」という錯覚』より）

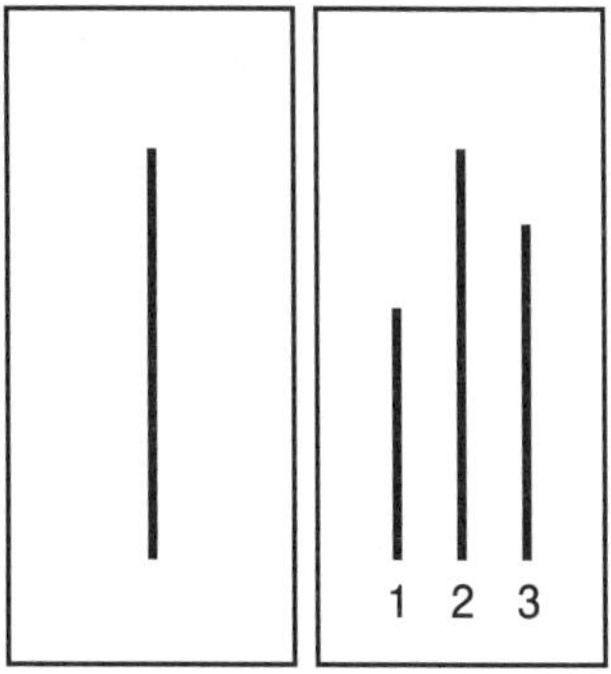

しかしこの実験で部屋に集められた人々のうち、本物の被験者はひとりだけ（仮にAさ

んとします）で、他はみんな実験者が仕込んだとおりに行動するサクラなのですね。そして最初の数回の質問では、全員が普通に正解を答えるのに対し、特定のカードが来るとサクラたちがことごとく、「えーっと、3番です」「私も3番です」と、わざと間違った答えを言い始めるのです。こうして自分以外の被験者が全員間違った答えを言い続けた後でも、はたしてAさんは自分の判断を貫いて、「2番です」と答えられるでしょうか。それとも、周囲に合わせて「……3番、ですか？」と同調してしまうのでしょうか。

前者ならAさんは個人主義的であり、後者なら集団主義的ということになります。

この場合、もし日本人が欧米人に比べて集団主義的だとすれば、日本人の方が欧米人よりも高い同調率を示すはずですね。しかし実験の結果は、そうはなりませんでした。高野氏によると、日本と米国の「集団主義の強さ」を比較した研究19件のうち、実に13件の結果は、日本人もアメリカ人も「同程度に集団主義的」というもの。さらに、5件は「アメリカ人の方が集団主義的」という結果で、「日本人の方が集団主義的」と結論したものはわずか1件のみ、しかもデータの解釈に問題がある研究だったといいます。

実験データを読むときの注意

だとすると一般の印象に反して、心理学の実験は「アメリカ人の方が日本人より集団主義的」なことを示しているのでしょうか。実は、それも違うのだと高野氏は言います。

たとえば先ほどのカードを用いた実験の場合、アメリカ人の同調率は25パーセント程度ですが、被験者全員が均等に4回に1回の割合で同調するわけではありません。毎回同調するような人もいれば、何度やっても同調しない人もいるでしょう。実際には、5パーセントの被験者が必ず同調する一方、24パーセントの被験者は一度も同調しなかったそうです。もちろんこれは日本でも同様なので、だとするとある人が個人主義的か集団主義的かは、日本人かアメリカ人かというより、結局は「個人の差」という気もしてきます。

あるいは、同調率の違いになんらかの「所属集団のカルチャーの違い」が現れているのだとしても、それが「国民性の違い」を示すものだと断定することはできません。たとえば日本人を被験者とした調査でも、文化系サークルのメンバーと体育会系の運動部のメンバーとでは、先ほどの実験による同調率が2倍近く違う。文化系では25パーセントしか同調しないのに対して、体育会系では過半数が同調するのです。だとすると、ある実験を行って「この被験者集団は同調率が高い。集団主義的だ！」というデータが得られたとしても、それがいったいどのような集団の特徴を示しているのか、国民性なのか部活動の性格なのかは、慎重に判定しないといけません。

ここで、話が先ほどの「赤い夕焼け」に近づいてきたことにお気づきでしょうか。あるデータが「日本人の集団主義の高さ」を示しているように見えたとして、それは本当に日本人が集団主義的だからそう見えるのか？　それともそのデータを（実際には、むしろ「体育会系」の特徴を示しているかもしれないのに）、「日本人の特徴を示すもの」という色眼鏡をかけて受け取ってしまうから、「集団主義的な日本人」がいるように見えているだけなのか？

哲学というとなんだか抽象的で雲をつかむような話で、逆に心理学の実験と聞くと具体的な数値に基づいて実証的、という印象を持つかもしれませんが、実際にはどちらの学問を研究するにしても、このように同じ課題がつきまとっているのです。

日本社会を「集団主義的」にさせているもの

実際にこのことに気をつけないと、統計的なデータを用いる心理学者であっても間違えることがあるのだと、高野氏は警鐘を鳴らしています。かつてカナダで行われたアンケート調査で、アジア系住民の方がヨーロッパ系住民よりも集団主義が強いと「実証」されたことがありました。しかし、そこにはこんなからくりがあったといいます。

その調査は、双方の住民に対して「あなたはどの程度、個人主義的、ないし集団主義的ですか？」と質問するものでした。この場合、ヨーロッパ系の人々は「カナダ社会には集団主義的なアジア系も含まれているのだから、ヨーロッパ系の自分は、全体の平均値よりも個人主義的だろう」と考えて回答します。逆にアジア系の人々は、たとえ自分では個人主義的な生き方をしているつもりでも、「ヨーロッパ系の人ほどではないだろうから、カナダ社会の中では自分も集団主義的なんだろうな」と考えて答えてしまう。

したがって素朴に集計すると、「ヨーロッパ系は個人主義的、アジア系は集団主義的」であることを裏づけるデータが出てしまうのです。このように、なんらかの集団を判断の基準として参照することを「準拠集団効果」と呼びますが、その結果としてデータがその集団の実態よりも、ステレオタイプの方に沿って採取されてしまうことがあるのです。

見方を変えると、この事実は、私たちは「先に存在している現実を、後から認識して判断している」のではなく、時としてステレオタイプや偏見も含めた「認識の方がむしろ先にあって、それに合わせて現実を作り上げて生きている」ことを示唆しています。

たとえば、「日本人は集団主義的だから」教室で意見や質問を募っても手が挙がらない、とよく言われますよね。さて、いまカギカッコでくくった「日本人は集団主義的だから」の部分は、現実と認識と、どちらについての記述なのか、少し考えてみてください。

どうやら心理学の実験によると、現実の日本人は、そんなに集団主義的でもないようだ（集団主義的なところがあるとしても、それはアメリカ人とも大差ない水準だ）。だとすると、日本人ばかりの日本の大学の教室でも、昔〔2010年に〕NHKで放映していたハーバード大学のマイケル・サンデル先生の講義のように、矢継ぎ早に次々と発言の手が挙がってもいいはずである。しかし、現に挙がらない、なぜだ？　あ、そうか、現実には日本人が集団主義的ではなくても、「日本人は集団主義的だから、大教室でひとりだけ挙手したりするとみんなから浮いてしまう」という認識さえあれば、学生さんたちに、周囲の顔色をうかがって挙手をためらわせるのに十分だからだ。あれ？　でもだとすると、日本人は集団主義的だという認識を通じて、実際にまわりの集団に合わせて誰も自分の意見を言わないという現実が、作られてしまっていることに……。

かくして、私たちはまた出発点に戻ってしまいます。太陽自体が赤いから、夕焼けが赤く見えるのではなく、私たちの色覚がそれを赤いものとして認識するから、真っ赤な夕焼けという現象が存在する。いまは国籍の話をしているので、「ここで日本人と言っているのは、日本国籍保有者のことだ」と定義するから、（その話題が続くあいだだけ）日本人とは「日本国籍保有者」の意味になる。同じように、たとえ心理学の実験によって反証されようとも、「日本人は集団主義的だ」という通念があり、それを踏まえて個々の日本人が行動し続けるかぎりにおいて、私たちの社会は「集団主義的」であり続ける。

世界恐慌・太平洋戦争・人種差別をもたらしたメカニズム

このように認識と現実のあいだでループ現象が生じることを、社会学の用語で「再帰《さいき》性《せい》（reflexivity）」と言います。それを最初にわかりやすいかたちで示したのは、ロバート・K・マートンというアメリカの社会学者でした。彼が再帰性の一例として提示したのは、「自己成就的予言」という現象です。マートンはそれを『社会理論と社会構造』の中で、次のように説明しました。

自己成就的予言とは、最初の**誤った**状況の規定が新しい行動を呼び起し、その行動が当初の誤った考えを**真実**《リアル》なものとすることである。自己成就的予言のいかにももっともらしい効力は、誤謬《ごびゅう》の支配を永続させる。（384～385頁、強調原文）

「日本人は集団主義的である」という言説は、まさにこの自己成就的予言にほかなりません。心理学のデータを見るかぎり、それは「誤った状況の規定」です。しかしみんながそう認識することによって、「日本では個人主義的に行動すると嫌われるから、周囲に同調しよう」と考える人が多くなる。もともと個人主義的だった人も集団主義的に振る舞うという「新しい行動」が呼び起こされるわけです。その結果、「ほら、日本人はやっぱり集団主義的だ」というかたちで、「当初の誤った考え」がリアルになる。最初は間違った認識であっても、その認識を前提に人々が行動すれば、その誤った認識に合わせて現実の方が書き換えられてしまうのです。

こうした自己成就的予言の例として、マートンは大恐慌時代に起きた銀行の倒産を挙げました。「あの銀行は危ないらしい」という噂《うわさ》が広まると、その時点では潰れるような経営状態ではなくても、みんながその銀行から一斉に預金を引き出すために、本当に潰れてしまう。当時のアメリカでは、そんなことがしばしば起きました。最初は間違った認識だったのに、預金をおろした人は「やはり噂は本当だった」と思うわけです。

さらにマートンは、こんな例も挙げました。

二国間の戦争は「不可避である」と信ぜられている場合がある。この確信にそそのかされて、二国の代表者達の感情はますます疎隔し、お互いに対手の攻撃的動きに不安を抱き、自分も防衛的動きをして、それに応ずることになる。武器、資材、兵員が次第に大量に貯えられ、あげくには戦争という予想通りの結果をもたらすのである。（384頁）

これに近いのは、かつての太平洋戦争ですね。「いずれ、アメリカとは絶対に戦争になる」という思い込みがあったために、「ならば、先手を取らなければ日本に勝ち目はない」と考えて、真珠湾に奇襲攻撃を仕掛けることで、本当に戦争を始めてしまったのです。

マートンは、アメリカにおける人種差別が自己成就的予言によって「誤謬の支配」を受けていることも指摘しました。たとえば労働組合で、白人が「生活水準の低い黒人は、安い賃金でも働こうとしてスト破りをする裏切り者だ」と思い込んでいる。すると差別された黒人は面白くないので、組合活動に非協力的になり、本当にスト破りをします。そこで白人が自分たちの差別意識を反省すればいいのですが、そうはなりません。「ほら見ろ、やっぱり黒人は裏切り者だ」と考えてしまい、ますます人種的偏見が助長されるのです。

そのようにして人種差別が温存されてきたことについては、マイケル・Ｓ－Ｙ・チウェの『儀式は何の役に立つか』にも興味深いデータが紹介されています。１９７２年にアメリカで調査を行ったところ、「自分たちの地域の過半数の白人が、人種分離政策に賛成している」と信じている白人が72パーセントもいました。ところが、実際にそのようなアパルトヘイト的政策に賛成していた白人は、15パーセントにすぎなかった。もはや人種差別は時代遅れだと感じている人が圧倒的多数だったにもかかわらず、多くの白人は「自分は人種隔離に反対だけど、きっと他の白人は賛成している」と思い込んでいたわけです。

これでは実際は大半が差別に反対なのに、「みんなはまだまだ差別しているから」と空気を誤読してしまい、差別反対の行動を起こしにくくなるでしょう。その結果、差別的な制度や慣習が、温存されてしまう恐れがあるのです。

なぜ百円玉より、一万円札の紙切れに価値があるのか？

こうして見てくると、誤った認識によって現実を作り上げてしまう自己成就的予言や再帰性は、歴史上存在したさまざまな社会悪の根源のように思えてきますね。しかしながら、今日の私たちの日常生活の中にも、似た事象はいくらでもあります。たとえば流行現象は、ほとんどが再帰的なものでしょう。みんなが「これが今年の流行だ」と思い込むことによって、本当にそれが流行《はや》る。行列のできるラーメン屋さんにも、「人気があるから行列ができる」というより「行列ができているから人気が出ている」面があります。

そういう再帰性も、「やらせ」のようで悪いことに見えるでしょうか。しかし、現在の資本主義経済は、こうして流行を起こすことで雇用や賃金の原資を作っています。そしてそれ以前に、経済を支えている貨幣というもの自体が、再帰的な存在にほかなりません。

たとえば、金属製の百円玉よりも、単なる紙切れである一万円札の方が高い価値を持っているのは、みんながそう認識しているからにすぎません。「その貨幣に1万円分の価値（にふさわしい本質）があるから、1万円の商品が買える」のではなく、「現に1万円分の商品が買えるから（買えるあいだだけ）、その貨幣に1万円の価値がある」のです。

「そんな馬鹿な。日本政府が保証しているから、現実に1万円の価値があるのだ」と思う人がいたら、歴史の時間に習った、人類はその初期には貝殻や小石を貨幣として使用していた、という話を思い出してみましょう。貨幣価値を決める政府など存在しなくても、「貝殻を持っていけば物と交換できる」という営みさえ成立していれば、そのあいだは貝殻に貨幣としての価値が生まれるのです。

逆に、たとえ政府の保証があったとしても、みんなが「そんなものに価値は認めない」と思って受け取らなくなれば、それは貨幣として機能しなくなります。敗戦直後の日本では円に対する信用がなくなった結果、物価が戦前の100倍超に跳ね上がるハイパーインフレが起こり、闇市では「円札よりもタバコの方が貨幣として通用した」といった話を、読んだことがある人もいるでしょう。

こう考えてくると、人間の社会はそもそも、再帰性を活用しなければ成り立たないものであることがわかります。再帰性は貨幣経済のような利便性も、人種偏見のような罪悪も、どちらももたらす両義的な存在ですが、しかしなくすことはできない。それは、複数名で集合的に行為しながら生きていかざるをえない人間の、いわば宿命のようなものなのです。

この「社会のあらゆる現象は再帰的に作り上げられるものであり、最初から実体として存在するわけではない」という前提に立つ視点が、社会学の基本的な方法論です。たとえば「法社会学」と「法学」の違いはどこにあるかというと、法学では、法という存在を（とりあえずは）前提にして、それについて研究します。具体的には、国会で成立したメディア規制の法律が、憲法に違反するか否かといったことを研究する。これに対して法社会学では、むしろ「そもそも憲法なり法律なりが、いかにして人々が従うべきルールだとみなされているのか」を探求します。人間が相互作用しながら作り上げている社会では、あらゆるものが再帰的に存在する。そういう見方で社会を研究するのが、社会学です。

私たちはどんな時代に生きているのか——社会学で考える

では、そのような社会学の立場から見た場合、私たちが暮らす「近代社会」はどんな特徴を持っているのでしょうか。イギリス社会学界の大御所であるアンソニー・ギデンズは、『近代とはいかなる時代か?』で、こう指摘します。

前近代の文明では、再帰性は、依然、伝統の再解釈と明確化だけにほぼ限定されており……［しかし］近代の社会生活の有す再帰性は、社会の実際の営みが、まさしくその営みに関して新たに得た情報によってつねに吟味、改善され、その結果、そ

の営み自体の特性を本質的に変えていくという事実に見いだすことができる。（54～55頁）

「伝統」は、たしかに再帰的な現象ですね。みんながある行為を「昔からの伝統だ」と認識することによって、それが本当に伝統として継承される。そのように、現状を固定するかたちでのみ再帰性が機能している状態を、社会学では「前近代」とみなします。準拠集団効果の実験の例でも見たように、再帰性には既存の思い込みをどんどん強化する面がありますから、社会のあり方を維持する方向に再帰性が作用するのは、自然なことだとも言えるでしょう。

ところが近代社会では、再帰性が社会を変化させる方向に作用するようになりました。たとえば、みんなが「去年はこれが流行ったが、今年はあれが流行るに違いない」と考えることで、毎年新しい流行を生み出し、それによって経済を回転させてゆくのが資本主義のしくみです。同じように、自己成就的予言が「画期的に現在とは異なる未来が訪れる！」という物語を語れば、再帰性は「現状維持的」ではなく「現状改変的」に働きます。そのような状態が恒常化した時代を、社会学では「近代」と定義するわけですね。

私たちは日々、状況がめまぐるしく変動する世界を生きていると言われます。しかしそれは、神さまとか悪魔とか独裁者のような、私たち以外の誰かによって操られているのではない（もちろん、地球上にはまだ独裁者がいますが、彼らの影響力は限定的です）。変化を起こしている犯人は、実は私たち自身なのです。私たち自身の認識によって次々と新しい現実が生まれては、消えてゆくのが近代社会だからです。

このように考えると、「日本人」の定義が流動的であったこともまた、まさしくこの近代社会の一側面であったということがわかるでしょう。私たちは「日本」というもの、「日本人」というものを、再帰的な存在として作り上げ、そして作り変えながら生きてきた。日本の歴史や文化を考えるというのは、最初から「実在」するものとしてのそれらを過去に探しにゆくことではなく、逆にそれらが存在するかのように人々に思わせてきた、再帰的な営みの軌跡をたどることなのです。

第２章　「日本史」はなぜ間違えるか

織田信長は「歴史的な人物」か？

社会学はあらゆる社会現象を再帰的なものとして観察するので、「歴史」もその例外ではありません。「法社会学」「政治社会学」「家族社会学」など、社会学にはさまざまなジャンルがありますが、最近は「歴史社会学」という分野も盛んです。

社会学ですから、そこには歴史を再帰的な現象として捉えるセンスが伴います。これには違和感を抱く人もいるでしょう。法律や家族といった制度が再帰的に作られた「現実」だというのはわかりますが、歴史はすでに終わった過去の話です。それは厳然として存在した事実であって、人間の認識による歪《ゆが》みが介入する余地があるとは考えにくい。そのため、歴史には「認識→現実→認識」という再帰的なループが存在せず、「現実（かつて起きたこと）→認識（現在の歴史認識）」という一方向しかないように思われやすいのです。

　でも、本当にそうでしょうか。たとえば、「歴史的な人物」という言い方がありますね。織田信長は歴史的な人物だ、と言うとき、それは織田信長がかつて実際に「歴史的な偉業」を達成したから、いまそう呼ばれている（現実→認識）のでしょうか。しかし、天下統一の途上で死んだ信長の業績は、しょせん日本国内に限られているのだから、チンギス・ハーンやアドルフ・ヒトラーのように国境を越えて全世界を揺るがした梟雄《きょうゆう》に比べれば、大して歴史的な人物ではない、という評価もできそうです。

　だとするとむしろ、織田信長にまつわるもろもろの史実が「歴史的」な達成だったから、彼の武勇伝が後世に歴史として語られているというより、信長を歴史的な存在にみせるような視線がいま構築されているからこそ、彼のすることなすことが「歴史」であったように見えている（認識→現実）側面がありそうです。たとえば信長が歴史的な人物にみえるのは、世界全体の歴史ではなく「日本史」という枠組みで、私たちが過去を振り返るからですね。

　つまり、日本列島というごく狭い領域で起きたことを、そこに住む人々が「歴史」だと認識することによって、織田信長は英雄になる。その結果として、信長に関するあれこれのエピソードを調べたり、語り継いだりしようとする欲求が生まれ、現実にその成果に基づいて歴史が書かれることで、実際に織田信長が「歴史上の人物」になってゆく。

その意味では、歴史もまた再帰的なものなのです。

熟達とは「物語」を作れるようになること

では、なぜ私たちは歴史を再帰的に構築してしまうのでしょうか。文化人類学者の中《なか》川敏《がわさとし》氏の著書『モノ語りとしてのナショナリズム』に、ヒントになる心理学の実験が紹介されています。被験者に短い時間、チェスの盤面を眺めてもらって、後で記憶を頼りにそれを再現させると、チェスの心得のない人はいろいろとズレてしまうのに対して、チェスの上級者ほど正確に再現できる。これは、まあ当然ですよね。

興味深いのは、その先です。実は、覚えさせる盤面を「対戦中」のものではなく、「駒をランダムに並べた盤面」に変えると、上級者の優位が消滅するという。ランダム、すなわちチェスのルールや常識を無視した駒の配置（たとえばキングが先頭に立って敵陣に突入したりしている）は、実際のチェスの対戦中には絶対に現れませんよね。こちらを覚えろと言われたときには、上級者も素人と同じレベルの再現率まで落ちてしまうのです。

なぜそうなるかといえば、チェスに熟達すればするほど、「ストーリー」によって盤面の記憶を作るからです。素人が、上空からカメラ写真を撮るように盤面を覚え込もうとするのに対し、上級者は「先手がナイトとビショップを中心に攻勢をかけ、後手のクイーンを取りかけている状態」のように、物語化して盤面を記憶する。だからこそ、そもそも物語を作れないようなランダムな盤面では、素人と大差がなくなってしまうのですね。

昭和三十年代はなぜ輝いて見えるのか？

なにかに熟達するとは、それについての物語を作れるようになることだ——。チェスの実験の示すこの洞察が、もっともよくあてはまる領域こそ、実は歴史なのです。

歴史＝ヒストリー（history）には物語＝ストーリー（story）という綴《つづ》りが入っている、と言われるように、私たちが歴史を記憶するときも、なんらかの「ストーリー」が欠かせません。単にひとつひとつの史実を（チェスの駒の位置を升目ごとに逐一記憶するように）紹介するだけでは、とても頭に入ってきませんから。歴史が好きな人、詳しい人、すなわち歴史に熟達した人ほど、史実と史実のあいだをなにがしかのストーリーでつなぐことで、波瀾万丈《はらんばんじょう》の物語と自分自身を一体化させることができるようになります。

しかしチェスの上級者と同様、私たちは自国の歴史に熟達すればするほど、個々の小さな史実ではなく全体の物語の構図の方に着目することになりますから、そこにはある陥穽《かんせい》が伴います。ストーリーを通じて過去を認識するからこそ、単独の史実の連鎖では到達できない量の情報処理が可能になると同時に、「誤ったストーリー」を通じて、大きく覚え間違えてしまう危険性も生じる。そして、いったんあるストーリーで記憶してしまうと、自己成就的予言とも同様のしくみで「自分のストーリーにうまく適合する事実」だけを過去から拾い集めるようになりますから、定着した歴史像を改めるのは困難になります。

実際、私たちはしばしば自分の知らない過去についても「あのころはこういう時代だった」という物語を語りますが、調べてみるとそれが実態とかけ離れていることは、少なくありません。典型として、「昭和三十年代」の歴史像を取り上げてみましょう。

2005年の映画『ALWAYS　三丁目の夕日』のヒット以降、昭和三十年代（1955〜64年）を「古きよき時代」として懐かしむブームが続いていますね。1945年の敗戦直後の完全な混乱状態は脱しつつも、64年の東海道新幹線開通と東京オリンピック以降の列島改造で自然環境が破壊されるよりは前の、落ち着いた時代というイメージです。

まさにそのさなか、昭和34（1959）年に生まれた社会学者の宮台真司《みやだいしんじ》氏は、ベストセラーになった『14歳からの社会学』の中で、当時をこんなふうに回想します。

ぼくが子どものころ、「みんな仲よし」はタテマエじゃなかった。学校で教わった「みんな仲よし」は、あらゆる場所で通用した。クラスメートはみんな仲よし。と

なり近所の人もみんな仲よし。もし何かがあっても「みんなおたがいさま」で丸く収まっていたんだ。(10頁)

同じ年に生まれた評論家・浅羽通明《あさばみちあき》氏となると、その名も『昭和三十年代主義』という本まで書いていますが、そこにはこうあります。

未《いま》だ、貧しく不便だった昭和三十年代は、それゆえに、日常を維持するだけでも、やらねばならぬ仕事が無数にあった。あったから、その数だけ人々の労働が必要とされ……誰もが互いを必要としあっているという関係を、日々、互いに自覚してゆくために、感謝の言葉とか朝晩の挨拶とかがごく当然に必要とされ、愛だの信頼だのといった「心＝人情」もまた、堅実なかたちで育てられていったのでした。(101頁)

なぜ昭和三十年代に人々は魅せられるのか。それはその後の高度成長下、モノの豊かさと引き換えに私たちがなくしてしまった心の豊かさや、各個人がバラバラに生き始めることで失われていったコミュニティの温かさが、最後の輝きを放った時代だからだ、というわけですね。それにひきかえ、現在の日本社会は経済的に成長したとはいっても、殺伐とした人間関係の中で自殺やいじめ、犯罪が蔓延《まんえん》している——多くの日本人がそう認識しているからこそ、昭和三十年代が「古きよき時代」として語られているわけです。

自殺も犯罪も今日より悲惨だった『三丁目の夕日』の時代

しかし、それは本当なのでしょうか。近年の日本社会の不健全さを示す指標として、よく用いられるのは自殺者の数ですね。年間の自殺者数は1998（平成10）年に前年より8000人も増えて以来、2011年まで14年連続で3万人を超えました〔以降は徐々に減少し、2017年は約2万1000人〕。これはかつてないことであり、だから「過去最悪の自殺者を出し続ける現在の日本は、希望を失い、どん底の状態にある」というような話を、耳にしたことがある人は多いと思います。

しかし、実はこれはナンセンスなのです。たとえば、「江戸時代の日本ですら、自殺者は3万人もいなかった！」という批判に意味があるでしょうか。もちろんありませんよね。当時は総人口が圧倒的に少ない（最大で約3000万人）のだから、数ではなく率を計算しなければ比較になりません。あれ？　だとすると2005年に初めて前年より人口が減少したといわれるまで、戦後の日本では一貫して人口が増えてきたのですから、絶対数で「自殺者3万人」だけを取り出しても、最悪の状態とは言えないことになります。

図4●男女別自殺率（人口10万人あたり）の年次推移

（岩本通弥「都市化に伴う家族の変容」より）

（出典／京都大学『自殺の経済社会的要因に関する調査研究報告書』2005年）

このため、統計を用いて学問的に自殺問題に取り組む人は、必ず自殺者数ではなく「自殺率」で議論します。私が民俗学を教わった先生である岩本通弥《いわもとみちや》氏の論文から、その推移を示したグラフを引いてみましょう【図4】。とすると、たしかに2000年代、男性の自殺率は過去最高を記録していますが、かつてと比べてぶっちぎりの断トツというほどではなさそうです。実際、戦後日本でも当時に迫るくらい男性の自殺率が高く、女性にいたってはなお高い（統計史上最悪な）時期が、1950年代の後半にありました……。えっ？　そうです。まさしくそれが、昭和三十年代（1955〜64年）の前半に相当します。

　とはいえ男性の自殺率は平成の方が高いので、「なるほど。映画のイメージほどには古きよき時代ではないかもしれないが、昭和三十年代の方がいまよりは『マシ』だった」と思う人もいるかもしれませんが、それも正しくありません。なぜか。多くの国では一般に、年齢が上がるにしたがってその世代の自殺率は上昇します。すなわち、悲しいことですが高齢者の方が若者よりも、自殺する割合が高い。

だとすると、「少子高齢化が進んでいる」と言われる現在の日本は、もともとかつてと比べて自殺率が高く出やすい状態にあるので、昭和三十年代と比較するには、その分を割り引かないといけません。こうして年齢差による影響を排除した自殺率を「年齢標準化自殺率」というのですが、岩本氏によると、自殺者の「数」が過去最悪を記録した２００３年の年齢標準化自殺率は、男性が33・2ポイント、女性が10・9ポイント。一方、昭和三十年代が始まった１９５５年は男性が38・5ポイント、女性が22・4ポイント。男性の数値もいまより高く、女性にいたっては現在の倍以上も自殺していたわけです。はたしてそんな時代に、「みんな仲よし」や「心＝人情」が本当にあったのでしょうか。

そう言うと、「みずから命を絶つほどに追い込まれる人が多かったからこそ、お互いに助けあおうという精神が育まれたのだ」と反論する人もいるかもしれません。しかし実のところ、昭和三十年代は自殺以外の面でも殺伐とした時代でした。法社会学者の河《か》合幹雄《わいみきお》氏が『安全神話崩壊のパラドックス』で挙げているグラフによれば、暴力的犯罪

4種（傷害・暴行・脅迫・恐喝）の発生率【図5】、主要7罪種合計（上記に殺人・強盗・強姦《ごうかん》を加えたもの）の発生率【図6】、いずれもピークは昭和三十年代です。
またこの時代は、少年刑法犯の人口比も年々上昇傾向にあり、いわば日に日に犯罪に走る若者が増えてゆくという状態にありました。今日の日本でも「人心が荒《すさ》んで犯罪が増え、安全神話が崩壊した」などとよく言われますが、実際には『ALWAYS　三丁目の夕日』の時代の方が、現在よりもはるかに治安が悪かったのです。

「もはや戦後ではない」の本当の意味

つまり、昭和三十年代がいま輝いて見えるとしても、それは実際に昭和三十年代が住み心地のよい時代だったからではないのです。だとすれば、自殺率も犯罪率も現在より悪かった当時を、なぜ私たちは「古きよき時代」だと認識してしまうのか。これについては、社会学者の大澤真幸《おおさわまさち》氏が『不可能性の時代』で、興味深い指摘をしています。

この映画［『ALWAYS　三丁目の夕日』を指す］の中では、誰一人として未だ救われてはいない……にもかかわらず、われわれは、何となくほっとするのである。なぜだろうか。（126頁）

昭和三〇年代には、下層の悲惨のうちに、到来すべき救済を見ることができるよう

図5●暴力的犯罪4種の発生率

（図5、図6ともに　河合幹雄『安全神話崩壊のパラドックス』より）

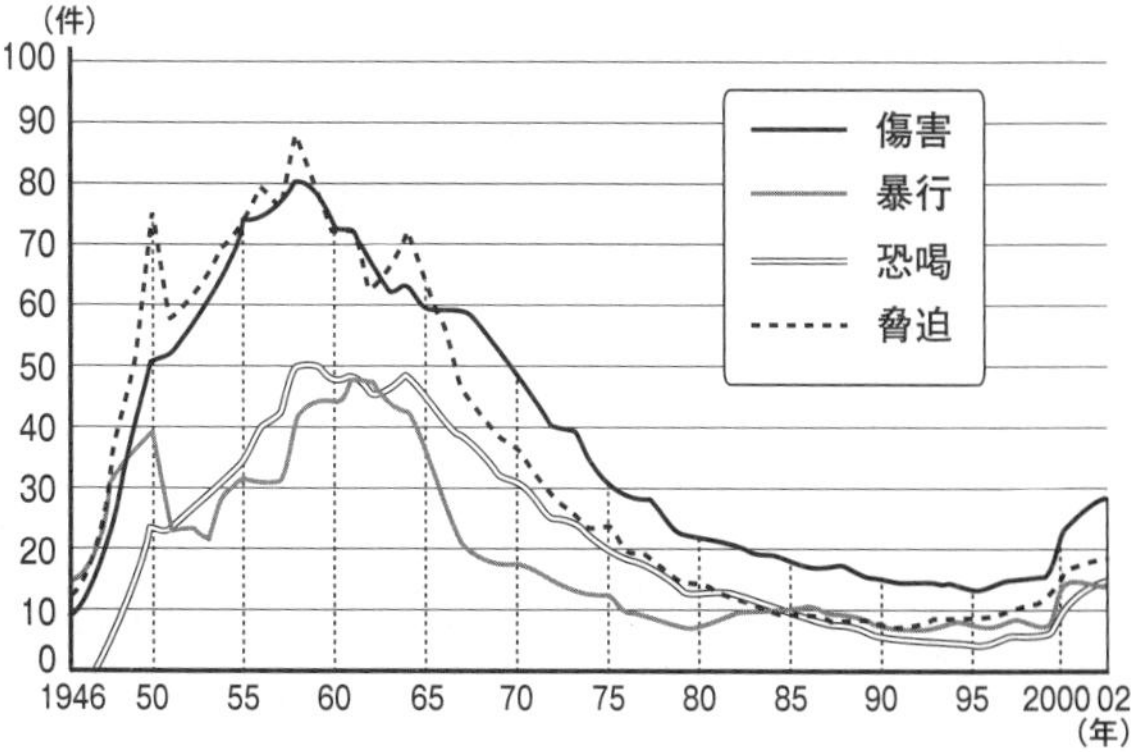

［注］傷害・暴行・恐喝は人口10万人当たり、脅迫は人口100万人当たり。
（『犯罪白書』より河合氏が作成）

図6●主要7罪種合計の発生率

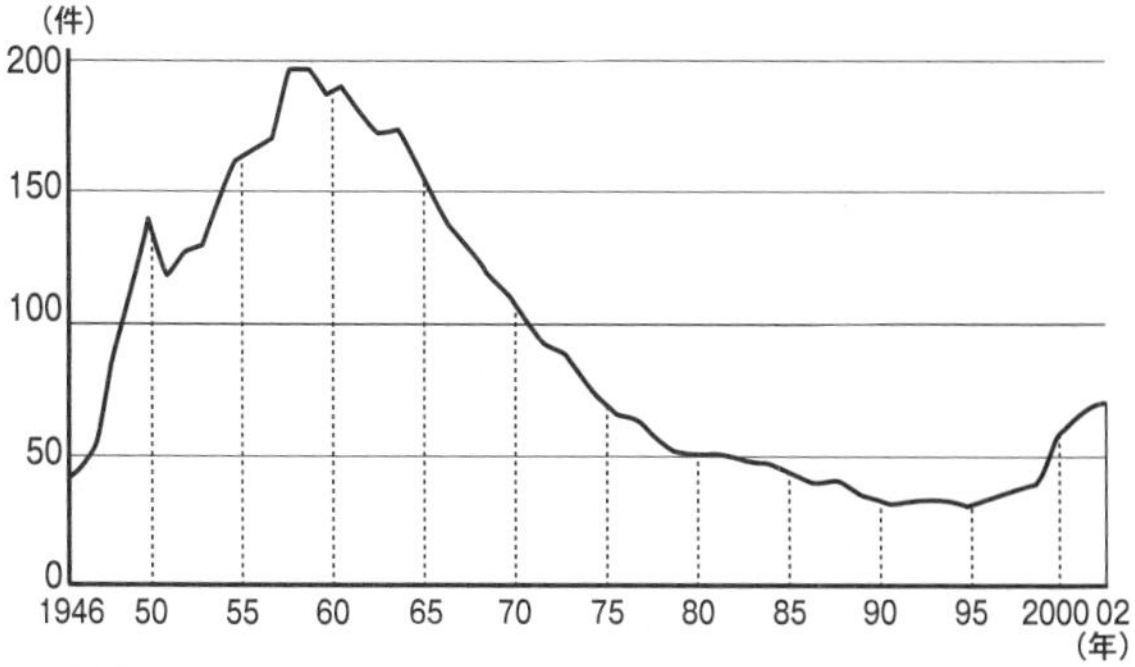

［注］人口10万人当たり。主要7罪種とは、殺人・強盗・強姦・傷害・暴行・脅迫・恐喝を指す。（『犯罪白書』より河合氏が作成）

な視点が存在しており、当時を生きた者たちは、そうした視点を我が物にしつつ、自らの下流的な現実を生きていた、とわれわれは（半ば幻想的に）想定できるのである。（127頁）

たとえば、成長への「途上にある時代」の象徴として『ＡＬＷＡＹＳ　三丁目の夕日』にしばしば登場する、建設途中の東京タワー。あの映画を見る現在の私たちは、それが無事に完成するのと同様、舞台となった１９５８（昭和33）年よりも後の時代に、高度成長という「成功」が訪れることを知っている。だから、映画の中では誰も救われていなくても、「この人たちはやがて報われる」と感じることができるわけです。

しかしながら、それはまさしく私たちが現在から過去を振り返ったときに、はじめて言えることです。本当の昭和三十年代に作られた映画（黒澤明《くろさわあきら》の『生きものの記録』でも、今井正《いまいただし》の『キクとイサム』でも）を見ればわかるように、当時の日本人たち自身には、そんなことはわかっていませんでした。１９５３年までは隣国で朝鮮戦争があり、54年には第五福竜丸事件が発生、62年にはキューバ危機が起きました。日本がまた、アジアで戦争をすることになるのではないか。いや冷戦体制の下、世界が核戦争になる恐れすらあるのではないか。そういう危機感はこの時代、決して突飛なものではなかったでしょう。

経済発展についても、当時の日本人は楽観できませんでした。1956年の『経済白書』に「もはや『戦後』ではない」という有名なことばが載ったのも、本来は「戦前の水準に回復するだけで成長できた復興の時代はもう終わったので、これからの日本経済の舵《かじ》取りは大変ですよ」という含意でした。60年に終結した三井三池争議のように、昭和三十年代の前半、ストライキをはじめとする労資紛争がもっとも激しかったのも、「これから高度成長が来て、経営者も労働者もみんなが豊かになれる」などとは思えなかったからでしょう。

つまり、本当の昭和三十年代の日本社会は「先行きが見えない不安」に満ちていました。だからこそ、自殺や犯罪も多かった。実際には、そういう悩み多き社会だったにもかかわらず、後になって当時を振り返る私たちは、続く時代に人々が豊かになることを知っているがために、勝手にその社会に「希望」や「前向きさ」を読み込んでしまうのです。

戦後の「民主化」で選挙権を失った人たち
——メタヒストリーで考える

ここで、「そうか。映画はしょせんフィクションだから、本当の歴史とごっちゃにしてはいけないんだな」という受け取り方をするのは、ちょっと違います。なぜ、私たちは昭和三十年代を誤解するのか。それは「後の時代になってから過去を振り返って、当時の人たちが抱いていたのとはかけ離れたストーリーを作ってしまうから」でしたね。

だとすると、これは映画を作る際だけの問題ではありません。フィクションをまじえず実際にあったことのみを語ろうとする学問や研究でも、「後の時代を知っている人間が、過去を記述する」という性格自体は、変わりませんから。いわば再帰的に語られるがゆえにこそ「間違えてしまう」のは、歴史一般の宿命です。

たとえば、「戦後の日本では、戦前よりも民主主義が進歩した」というストーリーがありますね。これは『ALWAYS　三丁目の夕日』のような架空の娯楽作品ではなく、「史実」に基づく歴史教育を通じて、みなさんが学校の教室で教わる物語です。しかし、それはいかなるときも、本当だと言えるのでしょうか。むしろ、先にそのような「認識」があるために、それに合致する「現実」ばかりに目を向けてきた可能性はないでしょうか。

たしかに戦後の日本では、戦前はなかった婦人参政権が認められました。これは、民主化が進んだことを示す重要な一例ですから、小学校以来あらゆる教科書で何度も教えられます。しかしその一方で、戦前には与えられていた参政権を戦後に失った人々がいたことは、あまり語られません。それは、在日朝鮮人や在日台湾人です。

戦前、1920年代の日本では参政権が「現住所主義」で運用されたので、内地に移住していれば、植民地出身者も対象となりました。もっとも、当初は財産制限があり、高額納税者しか投票権が認められなかったので、実際に参政権を行使できた植民地出身者はほとんどいなかったでしょう。しかし25年に男子普通選挙法が制定されて以降は、内地の在日朝鮮人や在日台湾人の男性のほとんどにも、参政権が認められることになったのです。

歴史学者の有《あり》馬《ま》学《まなぶ》氏が『帝国の昭和』で紹介している当時の選挙ポスターでは、舛《ます》添《ぞえ》弥《や》次郎《じろう》候補（舛添要一《よういち》・元厚生労働大臣〔のち東京都知事〕のお父さん）の名前にハングルのルビが振られています【図7】。有馬氏は九州大学で長く教えた先生なのですが、同地を地盤とする無産代議士だった亀井《かめい》貫一郎《かんいちろう》の選挙用の名刺にも、姓名の両脇に平仮名とハングルでルビがあったそうです。炭鉱や製鉄、港湾労働などを担う廉価な労働力として扱われていた、朝鮮半島出身の労働者の票が、重要な支持基盤だったからです。被選挙権も認められていたため、在日朝鮮人からは朴春琴《パクチュングム》が戦前に2回、東京の選挙区から衆議院議員に当選しています。

図7●ハングルのルビが振られた戦前の選挙ポスター
（有馬学『帝国の昭和』より）

そして、実は彼らが参政権を失ったのは戦後の「民主化」の下、1945年の12月に婦人参政権を付与するため、衆議院議員選挙法を改正したときのことだったのです。当時はまだ韓国も北朝鮮も成立していないので（ともに48年成立）、当然ながら彼らは、戦前以来の日本国籍のままでした。しかし、とにかく在日朝鮮・台湾人の選挙権を「当分ノ内之《これ》ヲ停止ス」という法律を作ってしまい、日本国籍に関しては52年4月、サンフランシスコ講和条約によって日本が独立する際に、後から召し上げるというかたちになりました。

つまり戦後、日本史上初めて女性が参政権を行使し、婦人代議士39名を誕生させた46年の衆議院総選挙は、在日朝鮮・台湾人の目から見れば「戦前に持っていた参政権を剝奪された最初の選挙」にあたるわけですね。はたしてそれは「民主主義の進歩」というストーリーで、語ることができるものでしょうか。

もちろん、このとき参政権を獲得した「日本人」の女性（とその子孫）の立場から過去を振り返れば、間違いなくそれは民主主義の進歩です。しかしもしあなたが、同じときに参政権を失った人の子孫として生きてきたとしたら、そのことを進歩と呼べるでしょうか。むしろ、正反対の物語を紡ぐのではないでしょうか。

このように、「私がいま語っている『過去についての物語』は、いったいどのような経緯で、妥当な『歴史』とみなされるようになったのか」を掘り下げる研究手法を、最近ではヘイドン・ホワイトという米国の歴史家の概念を借りて「メタヒストリー」と言います。歴史のストーリーは過去を振り返る際の立場によって変わるので、ある認識を共有する人々のあいだでは妥当なものとみなされるストーリーも、違う立場から見ればまったく間違っている。再帰的なものだからこそ、歴史はそういう危険性をつねに孕《はら》んでいるのです。

ちなみに植民地出身者が参政権を持つことを、戦前の日本人はどう思っていたのか。小熊英二《おぐまえいじ》氏の『〈日本人〉の境界』に、総合雑誌『太陽』が1924年に実施した有識者アンケートの結果が紹介されています。それによると、内地在住朝鮮人への参政権付与は「賛成72、反対16、時期尚早12」で、大多数が賛成でした。30年からはハングルでも投票できるようになり、さらに32年には朝鮮人候補者にかぎって、朝鮮読みによるハングル投票も認められました。たとえば先の朴候補の名前を、「ボク」ではなく「パク」とハングルで書くことができたそうです。

――さて、たとえば「在日参政権」をめぐる近日〔たとえば、2009〜12年の民主党政権下〕の報道や論評を思い出しながら、もう一度考えてみてください。戦後、日本の民主主義は本当に、「進歩」してきたと言えるのだろうか、と。

第3章 「日本国籍」に根拠はあるか

「最初に日本国籍を得た人」の親の国籍は？

前章の最後に、国籍と参政権をめぐる話をしましたね。戦後、1952年に日本が独立するまでは「日本国籍」だった旧植民地出身者の参政権を、45年の末に取り上げてしまったのだと。そのことの当否は、今回は置いておきましょう。この話を聞いて「そもそも、どうしてそんなことができたのだろう」と、不思議に思いませんでしたか？

まさか1946年の総選挙の際、有権者ひとりひとりに「あなたは植民地の出身ですか」と聞いて回ったとは思えない。とはいえ、日本を民主化する使命を帯びていたGHQの下で、「朝鮮・台湾民族には選挙権を認めない」などという文言で法律を作ったわけでもないでしょう。実は、そこには日本の国籍制度に特有のかたちが関わっていました。

どこの国であれ、「国籍」が再帰的な制度であることは、ここまで本書を読んできた読者には自明だと思います。ある土地に住民が存在するからといって、どこからともなく国籍が自然に発生することはありませんよね。どの社会でも、ある特定の時期に人為的な制度として、国籍というものが作られたわけです。「このような国籍法を制定したので、これこれの要件を満たす人がわが国の国籍保有者となります」と宣言することで、初めて国籍保有者が生じる。すなわち国籍とは徹頭徹尾、再帰的な存在です。

では、いかなるルールによって国籍を決めるのでしょうか。大きく分けると、これには「血統主義」と「生地主義《せいち》」という、2種類の考え方があります。わかりやすく言うと、子供が生まれた場合、血統主義は「親の国籍を受けつぐ」というルール、生地主義は「生まれた場所の国籍を得る」ルールです。よく、「日本で生まれたから日本人」という言い方がありますが、国籍に関するかぎりでは、これは正しくない。日本の国籍制度は血統主義を採用しているので、正しくは「親が日本人だから日本人」になります。

両者の分布に関していうと、東アジアや大陸ヨーロッパでは血統主義を原則とする国が多く、南北アメリカのように移民国家として出発した地域では、生地主義をとることが一般的だとされています。まったく異なる2種類のルールが併存しているわけですから、時として混乱が生じることもある。

たとえば、日本国籍保有者どうしのカップルがアメリカで出産した場合、日本の国籍法は血統主義ですから、その子の国籍は日本となりますが、生地主義であるアメリカの国籍法から見ると、むしろその子は「アメリカ国籍」だということになります。こういう場合に二重国籍を認めるかどうかも、国によって制度が異なるのですが、とりあえず現在の日本では「国籍選択制度」を設けて、生まれた本人が22歳になるまでに、日本国籍か外国籍かのどちらかを選ぶことになっています。

では、なぜ日本は生地主義ではなく血統主義を採用したのでしょうか。現在の国籍法は1984年に改正されたものですが（85年施行）、血統主義をとる理由について、『改正国籍法・戸籍法の解説』という当時の法務省の文書では、次のように説明されています。

> 我が国は、古代統一国家成立以来単一の言語、文化、歴史を有する単一民族により構成される国家であつて、この伝統に由来する「血統」重視の意識は我が国の社会に根強く……国籍法における血統主義はこのような伝統、意識に基づくものであつて、現時点においては、生地主義は一般国民の受け入れるところではないであろう。
> （8頁）

つまり日本は伝統的に単一民族の国家であったため、血統を重んずる意識が非常に強いから、日本で生まれさえすれば（本人が引く血に関係なく）日本国籍が得られる生地主義ではなく、血統主義を採用するということです。なんだか仰々しいし、本当かな？と思わせる説明ですね。そんなにも私たちはふだん、「血統」を重視しているのでしょうか。

実は再帰性の観点から言うと、血統主義は少々ややこしい制度です。「親が日本国籍だから子も日本国籍」なのだとすると、その「親の親」も日本国籍だったことになりますが、しかしそのためには「親の親の親」も日本国籍でなければならず……と遡っていくと、わりとあっさり国籍制度自体がなかった時代に行き着きそうですから。もちろん生地主義をとる場合でも、地理的な国境はいつからあるのかという別の問題を生じますが、それにしても、「最初の日本国籍」はいったい、どのようにして決まったのでしょうか。

「家」で国籍を決めたユニークなルール

この問題を意外な角度から、わかりやすく解明してくれたのは、歴史社会学者の嘉本《かもと》伊都子《いつこ》氏による『国際結婚の誕生』という研究です。国際結婚と聞くと、日本国籍の人なりアメリカ国籍の人なりがまずいて、両者が恋に落ちて結婚する……といった順番を想像してしまいがちですが、本来は逆なのです。国籍とは外国人と自国人とを区別するために必要とされるものですから、外国（人）の存在を意識しなければ、そもそも最初から作られない。よそから来た人との交際が盛んになったからこそ、国籍制度を後から作って、ルールを定めることになったのでした。

すなわち日本人が国籍を意識するようになったのは、幕末以降のこと。鎖国していた江戸時代、日本の船舶は日の丸ではなく、自分が属する大名家（藩）の旗を掲げて航行していました。しかし、外国船が日本近海にやって来るようになると、彼らに対して日本の船であることを明示しなくてはいけません。そのため、ペリー来航の翌年にあたる1854年に、「日本総船、印は白地日之丸《ひのまる》」と取り決められたと言われています。

このように外国と自国との区別をつける一方、明治維新が起きると近代国家を作る上で、徴税や徴兵のために戸籍を整備する必要が出てきます。そこで大政奉還から4年後の1871年には早くも戸籍法を制定し、翌年には「壬申《じんしん》戸籍」の編製を行いました。

この戸籍というものも、日本人は世界のどこにでもあると思っていますが、個人ではなく「家」を単位として国家が人口を管理するというのは、日本の歴史の歩みから生まれた個性のある制度です。船舶の日の丸が「対外的」に日本人をアピールするものであるのに対して、戸籍法は「対内的」に誰が日本人かを確定するためのしくみだったので、嘉本氏は、前者を「船」の箱、後者を「家」の箱と命名しています。

そして、この家ごとに国民を把握しようとする政策が、結果的に日本の国籍制度にも大きな影響をもたらしました。嘉本氏が注目するのは、壬申戸籍のさらに翌年にあたる１８７３年に出された太政官《だじょうかん》布告第１０３号「内外人民婚姻条規」です。当時、日本にはまだ正規の国籍法がないのですが、とにかく来日した欧米人と日本人とが結婚する事例は生じているので、なんとか対応しなければいけない。そこで、この布告で用いられた「日本人タルノ分限《ぶんげん》」という概念が、結果的に、ようやく１８９９年に正式に定められる国籍法（旧国籍法）のルーツになったというのが、嘉本氏の見方です。

当時、ヨーロッパでは有名なナポレオン法典をはじめとして、民法典の整備が進んでいたのですが、そこでは国際結婚に関してふたつ、大きな原則がありました。ひとつは「夫婦国籍同一主義」というもので、要するに国籍が異なる男女が結婚したら、妻が夫にあわせて国籍を変えて、夫婦が同じ国籍に属するよう変更するというルール。そして、そこから自動的に帰結するのがふたつめの、「父系血統主義」という原則です。

血統主義の国籍法をとる場合、国際結婚のカップルから生まれた子供は、父母どちらの国籍を受けつぐのかが問題になりますよね。しかし夫婦国籍同一主義に基づいて、お母さんはお父さんと同じ国籍に変わっていますから、この場合は当然「父系」の血統に沿って、お父さんの国籍が子供に受けつがれる、ということになるわけです。

欧米に追いつくことを目標にしていた明治政府の「内外人民婚姻条規」も、当然この二大原則を取り入れました。しかし嘉本氏の指摘によれば、日本人が自国民を家ごとに管理していたことの影響として、この「内外人民婚姻条規」には、ヨーロッパにはない日本独自のユニークなルールが備わっていました。すなわち、同条規は「外国人、日本人ノ婿《むこ》養子トナリタル者ハ、日本国法ニ従ヒ日本人タルノ分限ヲ得ヘシ」と定めたのです。

外国人男性と日本人女性が結婚した場合、当時の欧米の通例では妻が夫にあわせて日本国籍を喪失するはずなのですが、婿養子の場合にはむしろ、男性が元の国籍を捨てて妻と同じ日本国籍（日本人タルノ分限）を得るべきだ。なぜなら、彼は日本人の家に入ったのだから――。そう、これは国籍法のルールに「家制度」を組み込んだものでした。

これは、当時の欧米諸国にとっては常識はずれのルールだったので、「日本政府は、うちの国の男性を勝手に日本人にして、取り込むつもりか？」というクレームもあったそうです。そもそも家という単位で、たとえば同じ名字を共有する制度は東アジアですら普遍的なものではありませんから、欧米に理解されなかったのも無理はないでしょう。

中国や朝鮮半島には、日本のような家制度はありません。むしろそちらでは（西洋化とは関係なく、伝統として）父系血統主義が徹底しており、女性は結婚しても姓を変えず、自分の父方から受けついだ姓を守り続ける【図8】。毛沢東《もうたくとう》と江青《こうせい》が結婚しても、「毛青」にはならないのと同じです。「男か女か」「父親が誰か」よりも、「入った家がどこか」の方を優先し、本来の出自に関係なく、自分がいま所属する家の名字を名乗る日

図8●日本と東アジアの親族制度の違い

（小熊英二『単一民族神話の起源』新曜社より一部改変）

【中国・朝鮮の家族制度】

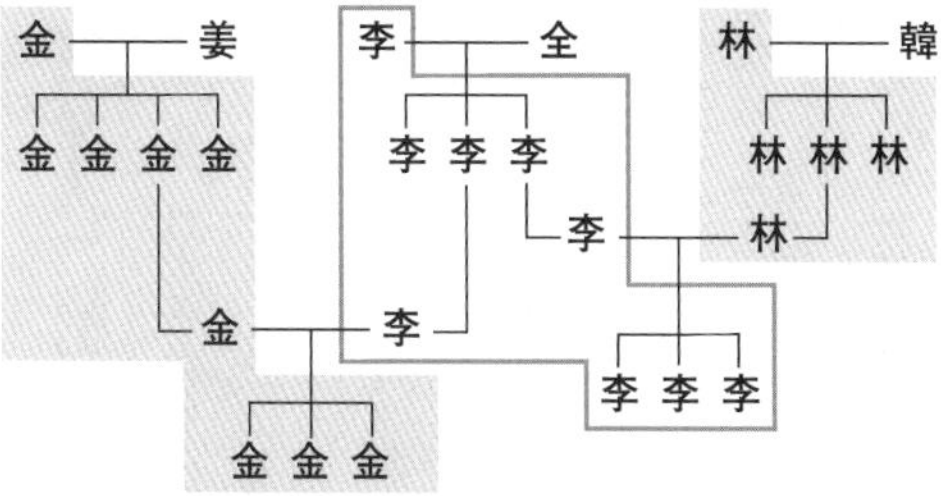

婚姻関係の表記は左側が男性（夫、父親）。
共通の父系出自を持つものが同じ姓を名乗り、
帰属する親族集団（宗族、父系血縁）も生涯にわたって同一である。

【日本の家族制度】

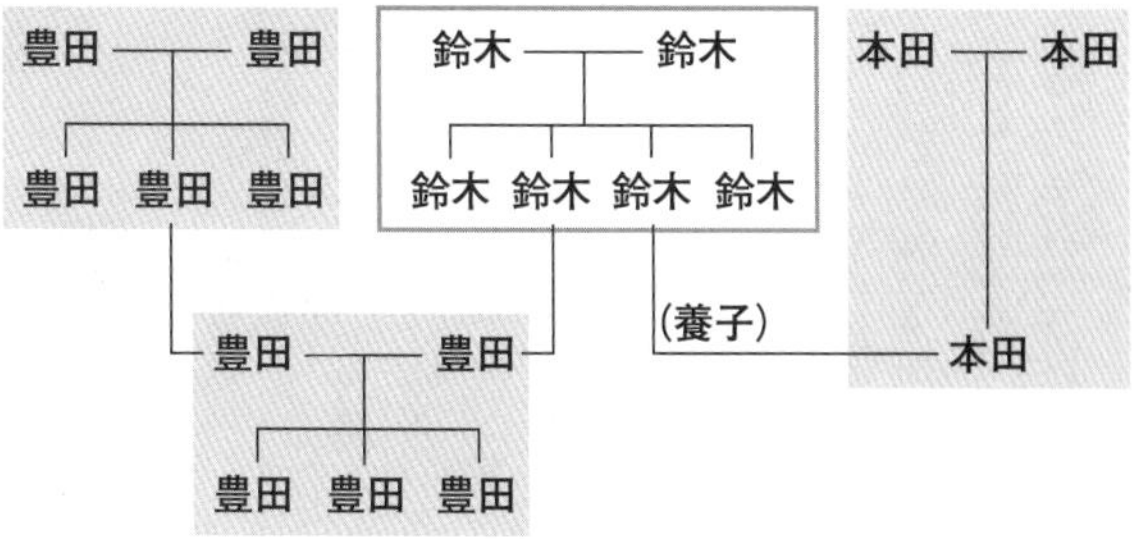

氏は本人の父系出自ではなくイエ集団ごとの名称であるため、帰属意識の対象も
結婚・離婚や養子などで、イエを移動するごとに変わる。

本の家制度は、ヨーロッパとも東アジアとも異なる、かなり個性的なしくみだったのですね。

対外的には「日本人」、対内的には「外国人」

1899年に制定された戦前の旧国籍法も、このしくみを受けつぎました。奥田安弘《おくだやすひろ》『家族と国籍』の整理にしたがってまとめると、同法が定めていた「外国人が日本国籍を取得する方法」は、5つのパターンに分かれます。まず、(1) 日本人の妻になったとき。これは当時の夫婦国籍同一主義にならったものですね。さらに、(2) 日本人父母によって認知されたとき。こちらは、立法理由書によれば「血統主義ヲ基礎トスル精神ヲ貫カントスルモノ」でした。たしかに日本人の「血統」が国籍取得の根拠になるのであれば、婚姻外の子供であっても認知によって国籍が取得できることは、合理的です。

ユニークなのは、(3) 日本人の入夫《にゅうふ》(女性の戸主と結婚してその家に入ること) となったとき、および (4) 日本人の養子になったとき。この両者の場合は逆に、血統としては日本人でなくても、日本人の「家」に帰属することを理由に、日本国籍が賦与されました。これらのほかに、内務大臣の許可によって (5) 帰化を行ったとき、があります。いわば、「国際標準」「血統主義」「家制度」の3つの要素を混合して、戦前の国籍制度は運用されていたのです。

この家制度が国籍のルールに組み込まれていたことの問題を、もっとも明瞭に示したのが、植民地の扱いでした。ちょうど旧国籍法の制定の前後から、日本は台湾や朝鮮半島を植民地にしはじめます。しかし、植民地とした以上はそこも日本の領土ですが、現地で暮らしてきた人々は、当然ながら日本人の家には入っていませんよね。そのため、いわば対外的には日本人であるものの、対内的には外国人のような扱いになったのです。

戦前の日本では、壬申戸籍の系譜を引く「内地戸籍」と、植民地の原住者からなる「外地戸籍」を区別しました。どちらも日本国籍ではありますが、植民地の人々は外地戸籍なので待遇が違う。

たとえば内地戸籍に載っている人は徴兵制の対象になり、たとえ現住所を外地に移しても逃れることはできません。一方で内地に住んでいても、外地戸籍の人は（太平洋戦争の最末期までは）徴兵はされなかったのですが、代わりに「おまえは本当の日本人ではない（しょせん朝鮮人、台湾人だ）」という、差別的な扱いを受けました。参政権に関しては、前章で述べたとおり現住所主義が採用されたため、外地戸籍の人でも途中から内地に住所を移せば投票や立候補ができたのですが、朝鮮戸籍の場合は日本国籍から離脱する自由がないなど、行政や民間における差別には根深いものがありました。

嘉本氏の用語を使えば、植民地の人々は「対外的な日本人」を示す船の箱には入れられても、「対内的な日本人」である家の箱からは排除されたわけです【図9】。この日本

図9●戦前日本の「船」の箱と「家」の箱
（嘉本伊都子『国際結婚の誕生』に基づき著者作図）

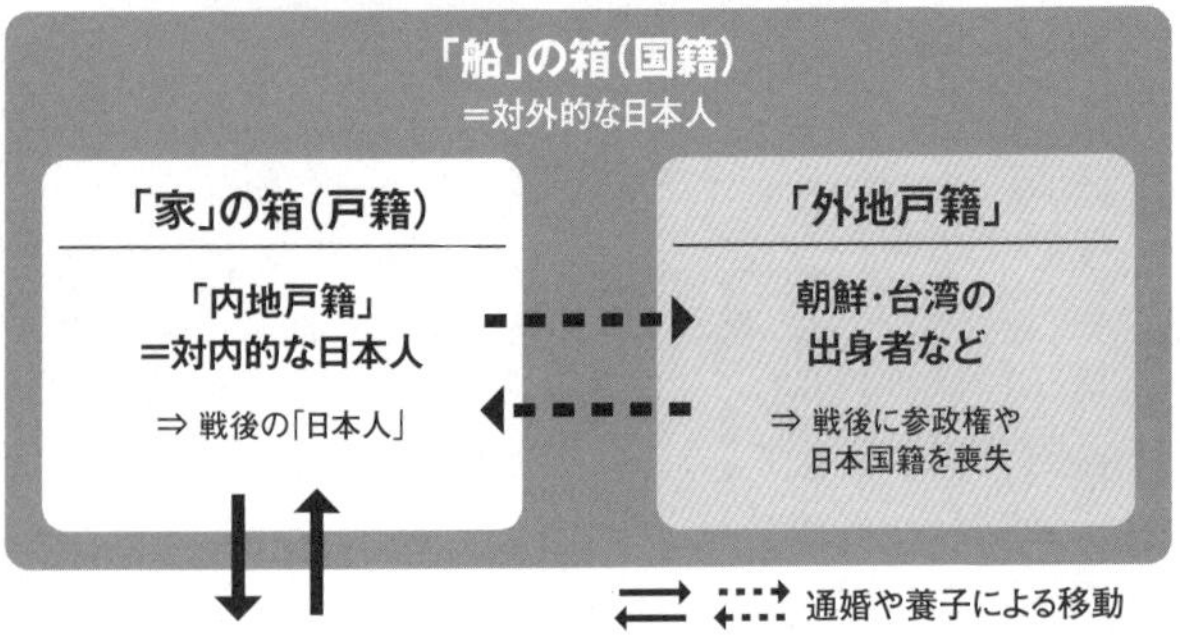

に独特な包摂と排除のしくみを、嘉本氏は欧米社会の人種差別と比較しながら位置づけています。当時は欧米でも「箱」は二重になっていて、対外的な「船」の箱としての国籍のほかに、対内的な「市民社会」の箱が設けられていました。たとえば20世紀前半までのアメリカでは、黒人は国籍を持っていても、公民権などの諸権利から排除されていました。

もちろん今日の観点からは、同一国籍を持つ者に対するこのような待遇の格差は、どちらも許されるものではありません。しかし、当時どちらが「よりまし」であったかというと、これはとても難しい。欧米の人種差別は「肌の色＝人種」という誰の目にも明白なマーカーで、市民的な権利の保有者という「対内的な箱」に入れるかを決定する露骨なやり方でしたが、その分、差別された人々が結束して「われわれも『市民社会の箱』に入れろ」と要求する結果をもたらしました。キング牧師らによる、有名な公民権運動がそうですね。

これに対し、戦前の日本社会における差別の構造は、より不可視化されたものでした。そもそも同じ東アジアの人間ですから、朝鮮人・台湾人といっても見た目がそう違うわけではない。くわえて、結婚や養子縁組に限ってのことではあれ、日本人が外地戸籍に移ったり、朝鮮人・台湾人が日本人の「家」＝内地戸籍に入ったりする事例もあるので、誰がどちらのカテゴリーに属しているのかは、最終的には戸籍簿をチェックしないとわかりません。

こういう、非常に隠微なかたちで市民としての権利に格差が生まれる構造を持っていたせいで、たとえば戦前の日本では「在日参政権」があったにもかかわらず、朝鮮人や台湾人が民族ごとに政党を結成して、差別解消の要求をするといった事態は生じにくかった。一方で内地戸籍と外地戸籍の別という点では、行政機関にとっては両者の区別が容易だったために、戦後になって一律に「外地戸籍の登録者、すなわち（おおむね）朝鮮・台湾出身者からは、参政権を剝奪する」といった処置が生じてしまったのでした。

表向きは民族によって差別するのではなく、あくまでも誰の「家」に帰属するかで処遇が決まるという独特の制度を持っていたことが、今日に至る参政権問題を生んだとも言えるのです。

血統主義の「血統」とは、どの「血」のことを指しているのか？

さて、この旧国籍法は敗戦後、まず1950年に新しく切り替わります。このときの大きな変更点は2点。第一に、その時点で「夫婦国籍同一主義」は国際標準から外れていたので、日本の国籍法からもなくなりました。第二に、日本独特の「家制度」も当時、戦前の封建的な支配の象徴とみなされていたために、国籍取得の原理から削除されました。

旧国籍法から夫婦国籍同一主義と家制度を取り払うと、残るのは「父系血統主義」だけになります。したがって、国際結婚によって子供が生まれた際も、父親の国籍を受けつぐ以外に選択肢はありません。しかしこれが、大きな矛盾を生みました。

この場合、日本で日本人の母親から生まれた子であっても、父親が外国人だと日本国籍は取得できません。しかしその父親が不真面目で、たとえば正規の婚姻外で生まれた子供を認知しなかったら、どうなるか。その子は、どこの国籍も得ることができなくなってしまうのです。

そんな事態が多発したのは、沖縄でした。基地に勤務するアメリカの兵隊さんと、沖縄の日本人女性とのあいだに子供が生まれる事例が多発します。つまり父親の米兵は日本国籍ではないので、その子に日本国籍は与えられません。ところが米兵の中には無責任な男もいて、生まれた子を認知せずに本国に帰ってしまったりする。その結果、「無国籍」となるアメラジアン（アメリカ人とアジア系の混血児）が大量に生じたのです。

これは、制度設計上のミスとしか言いようがありません。彼ら無国籍児の窮状が一因となって、1984年に戦後国籍法は大きく改正され、新たに「父母両系血統主義」が採用されました。国際結婚で生まれた子は、いったんは父母双方の国籍を受けついで、22歳までに本人がどちらかを選択するという、この章の冒頭で述べたしくみになったのです。

ここで「あれ？」という気がしてきませんか？　前述のとおり、その改正国籍法でも血統主義自体は維持したことを、法務省は日本社会の「血統」を重視する「伝統」に基づくものだと、説明していたのでしたね。しかし、それが伝統だというわりには、「血統」が指す範囲がころころ変わりすぎではないでしょうか。

戦前までは、日本人の家に入るのなら血統は関係なかった。しかし戦後、お母さんの血統が日本人のものでもダメで、お父さんの方の血統が日本人でないと、日本国籍が取れなくなった。しかしその後で、「やっぱり、血統は父母の両方から受けつぐものだから」とルールが変更になる……。「古代以来の単一民族」に由来するにしては、ずいぶんいい加減な伝統ですよね。

言い方を換えると、日本人は近代のあいだを通じてずっと、家制度と血統主義の両者をごちゃまぜに混同してきた、と考えることもできます。実は、１９８４年の改正前の戦後国籍法の下で無国籍児が増大した背景には、戦前の旧国籍法では認められていた「認知による国籍取得」の条項を、家制度（入夫ないし養子による国籍取得）の条項と一緒くたにして、50年の法制定時に削除してしまっていたという事情がありました。要するに、日本人には家制度と血統主義の区別がついていなかったわけですね。

この勘違いにようやく気がついて、国籍取得の要件から「父母の婚姻」の要件を撤廃し、認知によって「日本人の血統を引く」婚外子の国籍取得を可能にする小改正が行われたのは、なんと実に２００８年になってのことです。つまりこれはいわば、戦前にも認められていた制度の復活にすぎないのですが、しかしそのときにもインターネットなどで、日本人の「純血性」を損なうものだと声高に反対する人々が出ました。はたして日本人は家と血統の違いを理解しているのかどうか、もう一度考えなおすべきなのかもしれません。

「血のつながり」が指す範囲も文化によって違う
——民俗学で考える

こうして国籍制度の歴史をたどってくると、あたかも日本人だけが血統主義を正しく理解せずに使っている、ダメな人々のように見えてしまったでしょうか。しかしながら実は、そうした理解も正しくありません。そもそもこの「血統」や「血のつながり」とはなにを指すのかということ自体が、いまは学問的な探究の対象になっています。すなわち、なにをもって「血がつながっている」とみなすのか自体が、それぞれの社会や文化や時代によって、さまざまなのです。

たとえば前章にもご登場いただいた民俗学者の岩本通弥氏は、『現代民俗学入門』に寄せた論文で、「両親から半分ずつ『血』を受けついでいる」と考える日本人の思考法は、必ずしも世界に普遍的なものではないと指摘しています。実際に、韓国でもヒョルトン（血統）やピッチュル（血筋）という表現はあるのですが、すでに述べたとおり朝鮮半島では伝統的に父系血統主義の考え方が強いため、「血」は100パーセント父親から受けつぐ（母親からは一滴も受けつがない）ものだとされているそうです。

このように、「客観的」に見て正しい認識と言えるか、といった問いはひとまず置いておいて、「少なくとも当事者の世界観では、どのような論理になっているのか」を内在的に明らかにしてゆく方法が、民俗学です。民俗というと「古くさい神話や伝承」という意味にとる人がいますが、必ずしもそうではなくて、「当事者なりの自文化理解」といったニュアンスに近い。だから、たとえば子供は誰から血を引いて生まれるのか、についての日韓それぞれの理解を、岩本氏は「民俗生殖理論」と呼んでいます。

実際、生物学的（＝客観的、と言ったときにみんなが意識する視点）に言うのなら、そもそも胎児の段階で、母体の血液そのものが子供と混じることはありません。つまり父系で受けつぐと観念する（韓国）にせよ、父母両系で継承されると思われる（日本）にせよ、血統とは一種の民俗的なメタファー（隠喩）にすぎないわけですね。その意味では国籍制度の血統主義以前に、「親子のあいだには血のつながりがある」という発想自体が、私たちがそう認識するからそのように感じられるという、きわめて再帰的な現象なのです。

「死んだ人が子供を作れる」ルールとは――文化人類学で考える

だとすると親子の絆《きずな》を、「血によってつながっている」ものだと認識しない社会においては、一見すると私たちとまったく異なるルールが存在していても、不思議ではない。そのような社会の多様性を明らかにしてきたのは、文化人類学という学問でした。民俗学との境界は近年ではあいまいになりつつありますが、こちらはむしろ「異文化理解」の方法論として出発した点に、その特徴があったと言えるでしょう。

たとえばイギリスの人類学者エヴァンズ＝プリチャードは、アフリカのスーダン南部に住む牧畜民ヌアー族の、興味深い慣習について報告しています。この民族には、なんと「死んだ人が子供を作れる」ルールがあるという。別に魔法で死体を甦《よみがえ》らせるわけではなく、後継者を残さずに死んだ男性がいた場合に、兄弟などが死者の名前で代わりに結婚する、人類学の用語で幽霊婚（ghost marriage）と呼ばれる制度があるのです。もう少し想像しやすい例だと、夫が妻の妊娠前に死んだ際、妻が夫の兄弟などと性交渉を持って、生まれた子を「死んだ夫の子」とみなすレヴィレート婚のルールも確立されています。

どうして、そうなるのか。ヌアー族の社会では、彼らの生業の元手となる牛の群れを婚資として女性（側の親族）に贈った人のことを、「夫」と呼ぶものと定義しているからです。牛が受理された時点で、女性を妻とする権利と同時に、「その女性が産んだ子」を自分の子とみなす権利を手に入れる。

そういう認識に則《のっと》って親族体系が構成されているので、名義上の牛の贈与主が結婚や妊娠の際に生きているか否かは関係ないし、さらに言えば婚資を贈るのが、男性か女性かも関係ない。女性が女性に牛を贈って、相手が産んだ子供の「父」となる権利を獲得し、生物学的には誰か他の男性とセックスしてもらって、自分の「子供」を作るという女性婚さえ、ヌアー族では普通に行われているのです。

「なんという野蛮な！」、ないし「死人や女性が『お父さん』になるなんて変なの。オッカシー」と感じたでしょうか？　実際、20世紀の前半までは人類学者たちもそう考えていて、文化人類学といえば「未開社会の『変わった風習』を集めてくる学問」だと思われていました。しかし、いまはそうではありません。

もう一度考えなおしてみましょう。生物学的には血は混じっていないにもかかわらず、親子には「血縁」があると思い込んでいる私たちの社会と、岩本氏の用語を借りればいわば「牛縁」（誰名義の「牛を継いで」生まれたか）によって、親子はつながっているのだと考えているヌアー族の社会。「認識を通じて現実を作り上げる」という再帰性の観点から見た場合、このふたつは、そんなにも違うものでしょうか。

実際に私たちが暮らす「文明社会」でも、生殖医療の発達によって「死んだ男性」が父親になれる時代が始まっています。夫の精子を凍結保存しておけば、その死後に人工授精で妊娠することが可能になり、実際に欧米ではたとえば戦地に赴いた兵士の妻が、そのようなかたちでの出産を望む事例も出てきています。

この場合、生まれた子供の「父親」は誰になるのか。死者が「精子のつながり」（精縁？）によって父親としての資格を得ることができるのかをめぐって、各国の認識は分かれています。日本でもいくつか裁判が起こされていますが、判決によって結論が異なり、社会的な合意は定まっていません。

私たちが生きるのはすべて、社会的な比喩としての秩序

片やアフリカには、父親を「母親に牛を贈った人」と観念するがゆえに、片や欧米や

日本という「先進国」には、父親を「精子を遺《のこ》した人」と定義するがために、死者が父親たりえる（かもしれない）社会が存在している。このとき、前者の認識を野蛮と呼び、後者を科学的だと主張して区別することが、本当に妥当なのでしょうか。

「だって、後者は生物学的に正しいじゃないか」と思った人は、第1章の夕焼けの話を思い出してください。科学的に言えば、人間が見ていようとゾウリムシが見ていようと、太陽が発する光線の波長は同一です。しかし、それが「赤い夕焼け」になるかどうかは、見るものの認識によって相違する。だとすれば「生物学的に父であること」と、「その社会で父として認識されること」にも、必然的な関係がある必要はないことになります。

つまり再帰性という観点から考えるなら、いっさい人間の認識を媒介しない「自然そのものの世界」に生きているわけではないという点では、アフリカの「部族社会」も、私たちの近代社会も同じなのですね。人類学者の浜本満《はまもとみつる》氏はそのエスノグラフィー（民族誌）である『秩序の方法』で、このようにありのままの自然ではないのだが、それぞれの社会で通念となっている人間の認識の上では自然の帰結だと考えられていることを、「第二の自然」としての「比喩的な秩序」と呼んでいます。

たとえば浜本氏が調査したケニア海岸部のドゥルマ人の社会では、「服喪の最後に『死を投げ棄《す》て』なければ、引き続き屋敷に死が訪れる」という、私たちには意味不明としかいえない呪術的なルールが、「ビルの10階から飛び降りた人は、死ぬ」のと同じくらい「自然な法則」として語られている。しかし、と浜本氏は言うのです。私たちもまた「時間を無駄使いすると、時間が足りなくなる」という言い方なら「自然なもの」として受け入れるが、これだって時間をあたかも無駄使いできる物体のように捉えている点では、一種の比喩だろうと。

「子供はその血を両親から受けつぐ」というときの血が、あくまでもメタファーであったように、アフリカの人々も「ある認識上の比喩を受け入れるなら、自然と感じられる秩序」を再帰的に作り出し、社会のルールを納得可能なものにすることで生きてきた。そのことを呪術的というのなら、実は私たち自身もまた、呪術を使って生きている。

同じく、人類学者である清水昭俊《しみずあきとし》氏は『人類学的認識の冒険』という論文集で、目下の生殖医療技術の進展は、実際のところ「精子や卵子という身体的要素を抽出して、新たな呪術的象徴につくりあげる」行為でもあるのではないか、と述べています。日本の国籍制度において、なにをもって「血統」とみなすのかが揺れ動いてきた史実もまた、私たちが「血のつながり」と呼ぶものが純粋な自然現象ではなく、いわば呪術と同様のかたちで再帰的に設定される秩序であったことの証左なのです。

第４章　「日本民族」とは誰のことか

なぜ「アイヌ民族」とは言い、「日本民族」とは言わないのか

血統主義に基づいて国籍を定めるといっても、そこでいう「血のつながり」の内実や範囲自体が、時代や地域ごとに異なったかたちで再帰的に定義される、ずいぶんあいまいなものらしいことがわかりました。そうすると続いて気になってくるのは、一般にはやはり「血統を共有する集団」として捉えられることの多い、民族という概念でしょう。

ここまで本書でも便宜的に、「日本民族」「朝鮮民族」といったことばづかいをしてきましたが、近年の人類学や歴史学の研究は、この民族という概念もまた、再帰的に作り上げられる存在であることを指摘しています。たとえば、今日の日本で「民族問題」と聞くと、まっさきに思いつくのは中国におけるチベットやウイグルの問題でしょうが、実は、もともと中国語には「民族」ということばはありません。これは明治の日本で作

り出され、20世紀の頭ごろに自国の近代化をめざして日本に留学してきた中国の思想家や留学生たちによって、本国へと持ち帰られた「和製漢語」なのです。

それでは、どうしてそんな用語が生まれたのでしょうか。本書の冒頭で行った、「日本人」についての概念の整理を思い出してください。ふだん、私たちは民族という概念を、「国籍としては日本人だが、朝鮮民族である」「移民して米国に帰化したが、民族的には日本人である」といったかたちで、しばしば「国籍」との差異がある場合に用いますよね。つまり「民族」とはしばしば「国民（国籍保有者）」との対《つい》を意識して、「ある国に帰属することになってはいるが、十分に帰属しきれているとは思えない、むしろそのことに問題や違和感も覚えている状態」を表現する指標として用いられてきたのです。

科学史家である坂野徹《さかのとおる》氏の『帝国日本と人類学者』などが述べるところでは、この民族という用語が発明され、普及したのは明治時代の半ば、雑誌『日本人』（1888年創刊）や新聞『日本』（1889年発刊）といった媒体でのことでした。前者は三宅《みやけ》雪嶺《せつれい》や志賀重昂《しがしげたか》、後者は陸羯南《くがかつなん》といった、在野のナショナリストの手になるものです。

当時は1889年に大日本帝国憲法が発布され、翌年には帝国議会が開会するなど、近代日本で「国民」を統合してゆくためのしくみが、一定の整備をみた時期にあたります。しかし日本史の授業でも習ったように、当時は制限選挙だったため全人口の1パーセントしか投票できず、さらに内閣は藩閥政治家と呼ばれる一部の人々に握られていました。

これではとても、国民多数の意思が国家に届いているとは言えないではないか。政府は特定の藩閥ではなく、われわれ日本人全体の方を向いて、政治を行うべきではないのか。そう感じた民間のジャーナリストたちが、『日本人』『日本』を名乗るメディアを作り、その紙上で「われら日本民族（大和民族）は……」という用語法を発明したのです。

つまり民族という概念は、政治権力から疎外されたり、ある国家の中で自分たちはマイノリティ（ここでは数の多寡に限らず、政治的弱者という意味）だと感じている人々が、自分たちのアイデンティティを表明して、異議申し立てをするための道具として始まりました。このような民族という概念のルーツは、現在の使われ方にもまだ生きています。

明治時代とは異なり、今日の新聞で「日本民族」という言い方を目にすることはあまりないし、日常会話でもほとんど口にしません。一方で、国籍保有者という意味では同じ日本国民でも、たとえば「アイヌ民族」という言い方は、いまでも普通にしますよね。それは戦前、そして戦後の民主化の「進展」（このような歴史の語りには怪しさもあることは、第2章で述べましたが）によって、多数派の日本人にとってはいちおう自国の政府を「自分たち自身の代表」と思える程度には、政治的な疎外感が解消されているのに対し、アイヌの人々はそうではない状況にいまも置かれているということを、示す指標でもあるのです。

日本と中国のあいだで葛藤した沖縄の人々

この点で中間的な位置にいるのは、沖縄の人々でしょう。「アイヌ民族」や「在日朝鮮人」ということばが使われる頻度に比べれば、今日、「琉球《りゅうきゅう》民族」や「沖縄人」といった言い方は、そこまでなされない。しかし「大和民族」のように、ほとんどお目にかかる機会がないというほどでもない。「日本政府は、本当に沖縄のことを考えているのか」という不満が爆発する場面では、「琉球民族」や「沖縄人」ということばがメディアに躍ることもあります。そのようなアイデンティティの葛藤は、明治のころにはもっと深かったので、多くの沖縄の人々が「沖縄民族」とはなにものか、を議論する著述を残しています。

かつて独立国として存在していた琉球王国は、琉球処分によって1879年に明治政府に併合され、「沖縄県」になりました。しかしながら、江戸時代まで琉球王国は日本の薩摩藩に従う一方で、中国（清朝）にも臣下の礼をとる朝貢貿易を行っていたので、その政治的なアイデンティティは、日中両国のあいだであいまいだったのです。

したがって併合の初期には、むしろ清朝に亡命して王国復興をめざす琉球人もいるほどだったのですが、転機となったのは日清戦争（1894〜95年）だったと言われています。日本が清国に勝利し、台湾まで領有してしまったとなると、もはや中国の後ろ盾は期待できない。この戦争の後から、当初は低調だった日本語で教える学校への就学率が急上昇するなど、沖縄の人々の多くは「日本人」として生きる道を選択しはじめます。

そのとき、「もともと沖縄人は日本人と『同一民族』である」という考え方を打ち出すことで、日本と沖縄の調和をめざしたのが、東京帝国大学で言語学を専攻した伊波普《いはふ》猷《ゆう》という思想家です。「沖縄学の父」「近代沖縄の最大の知識人」とも呼ばれる彼は、日露戦争終結翌年（1906年）の12月、『琉球新報』に連載した「沖縄人の祖先に就《つい》て」の末尾に、「日琉同祖論」といわれる自身の学説に基づいて、こう書いています。

幸《さいわい》にして余が研究の結果は、沖縄人が日本人たる資格はアイヌや生蛮《せいばん》［台湾先住民の蔑称］が日本人たる資格と、自《おのずか》ら別物であることを教えた……今や吾等《われら》は二千年前に手を別つた兄弟と邂逅《かいこう》して、同一の政治の下に生活するやうになつた。

われわれ沖縄人は琉球王国という国家を持ち、長らく政治的には日本人と別々に暮らしてきたが、しかし「民族」の観点から見れば、本来日本人とは兄弟どうしの関係にある。アイヌや台湾の先住民のように、異民族が力で服従させられたのとは、わけが違うのだ──。これは一面では、明治政府による沖縄の併合を「正当化」する議論でしょう。

しかし思想史家の鹿野政直《かのまさなお》氏は、伊波の評伝である『沖縄の淵』の中で、「同祖論を唱えるのは、自分が日本びいきだからではない。いまの琉球人にとって、幸福をえる途《みち》だからである」という伊波のことばを紹介しています。伊波が東京帝大から故郷に戻る以前、沖縄では明治政府による同化政策が推し進められていました。「沖縄の旧来の習慣は、野蛮なものだから潰してしまおう」という発想で、あらゆることを内地と同様に改めさせようとしたのです。

それに対して伊波普猷は、沖縄人と日本人とはもともと同じ民族だったのだから、沖縄の文化も日本文化のひとつだと考えました。だとすれば、それを壊すべきではない。同一民族であればこそ、沖縄の文化や習慣は尊重されるべきだ。それが伊波普猷の考えた日琉同祖論であり、当時の沖縄のナショナリズムだったのです。

ウルトラマンも、正体を隠しながら生きる「マイノリティ」

はたしてその路線は、正しかったのか。その帰結を知っている私たちは、悩まずにはいられません。太平洋戦争の末期、沖縄の人々は「日本人」として、米軍との悲惨な地上戦に巻き込まれました。そして1952年に日本内地が独立した後も20年間、実に72年の「祖国復帰」まで、アメリカの統治下に置かれたのです。同地の人々としては、ふたたび「われわれはいったい、なにものなのか」と、自問せざるをえない体験だったでしょう。

そのアメリカ統治下の沖縄から、金城哲夫《きんじょうてつお》という人物が登場します。6歳のときに沖縄戦を体験した金城は、高校から東京の玉川学園に「内地留学」し、玉川大学を卒業したのちに脚本家として円谷《つぶらや》プロダクションに入りました。そこでメインライターとして制作に関わったのが、1966年の『ウルトラQ』に始まる〝ウルトラシリーズ〟です。

いきなり特撮ヒーローの話題になって驚いたかもしれませんが、同じ66年の夏から第1作が放映された『ウルトラマン』シリーズの設定には、沖縄出身だった金城ならではの思想や葛藤が反映していることが知られています。宇宙人（特殊能力者）としてのウルトラマンと、地球人＝防衛隊員としてのふたつのアイデンティティを抱えた主人公は、「本当はどちらなのか」とつねに悩む。だから、仮面ライダー（第1作は71年放映開始）がおおむね人前でも平気で変身するのに対して、ウルトラマンは自分の正体を隊員どうしのあいだでも隠し、人目につかないところで、ひとりひっそりと変身するのです。

シリーズ全体を金城自身が監修したのは、1967〜68年放映の『ウルトラセブン』までなのですが、その最終回では、主人公が親しかった女性隊員にだけ「僕は人間じゃないんだよ。M78星雲から来た、ウルトラセブンなんだ」と告白し、最後の戦いに臨んで地球を去ります。この「最終回に初めて、主人公がそれまで隠してきた自分の正体を、いちばん大切な人に明かす」というスタイルは、その後さまざまにアレンジされつつ、シリーズの見せ場としてお約束になりました。ウルトラシリーズを初めて本格的に批評した切通《きりどおし》理《り》作《さく》氏の『怪獣使いと少年』には、こんな挿話が紹介されています。

> 沖縄と日本の「架け橋」になろうとしていた金城の描くヒーローは、人々のわかり合えなさを誰よりも知っているからこそ、「通訳」をかってでる。しかし、それは彼の孤独さをより際立たす結果にしかならない。……僕が接した在日朝鮮人学生の多くは、幼少時、自分には二つの名前〔朝鮮語の本名と日本風の通名〕があると知らされたとき、テレビの変身ヒーローと自分を重ね合わせたという。（94、100頁）

このように本来、ウルトラマンには「沖縄」という、アイデンティティのはざまで悩むマイノリティの姿が仮託されていました。しかしそのような作品が、どうして最高視聴率40パーセント台という、熱狂的な支持を内地の「マジョリティ」のあいだでも得たのでしょうか。これに関しては、切通氏の著作と並んでサブカルチャー批評の走りとなった、佐藤《さとう》健志《けんじ》氏の『ゴジラとヤマトとぼくらの民主主義』が、以下のように論じています。

博愛主義的な善意の宇宙人が地球を守ってくれるという『ウルトラマン』の世界は、沖縄と日本との関係についての金城自身の切実な願望を反映したものだった……［そして、その］沖縄と日本の関係にたいする金城の願望は、アメリカと日本との関係にたいする当時の多くの日本人の願望とみごとに相似形をなしていたのだ。
（130頁）

佐藤氏の解釈は切通氏とやや異なって、なんの義理もないのになぜか地球を守ってくれるウルトラマンに、「沖縄をいたわってほしい」という金城の日本への期待を読み取ります。そしてその願望が「アメリカに日本を守ってほしい」という戦後の日本人の潜在意識と、構造的に同じだったと指摘する。だからウルトラシリーズは（作者の意図を超えて）、頼もしいウルトラマンに在日米軍の姿を見た、多くの日本人の心をもつかんだというのです。

ウルトラシリーズの歩みは、いつも沖縄とともに
——地域研究で考える

そんなのは「深読みだ」と思われたでしょうか。しかしながら、沖縄出身の金城哲夫によって基本路線が敷かれたという史実に基づいて振り返ると、同シリーズの展開が沖

縄問題の節目と、実によくシンクロすることも事実です【図10】。

たとえば、1972年5月15日の沖縄復帰の前に放映が始まった『帰ってきたウルトラマン』『ウルトラマンA《エース》』では最終回、主人公はお約束の告白を行った後、故郷であるM78星雲（沖縄）に帰っていきます。しかし73年の『ウルトラマンタロウ』、74年の『ウルトラマンレオ』では、正体を明かした後の主人公はむしろ、人間として地球（日本）に帰化する道を選ぶ。金城自身は69年に円谷プロを退社、沖縄に戻って76年に早すぎる生涯を閉じるのですが、ひょっとするとスタッフたちは、そんなかたちで原作者にもメッセージを届けようとしていたのでしょうか。

この後、1980年に単発的に『ウルトラマン80』が作られたのを例外として、テレビではウルトラマンの新作が放映されない空白時代が続きます。復活するのは実に初放映から30周年を記念した、1996年開始の『ウルトラマンティガ』でのことだったのですが、このときもまた、期せずして沖縄問題の激動期にあたっていました。

前年の95年の秋、沖縄県で米兵の集団による少女暴行事件が発生します。しかも当時の日米地位協定のため、米軍が県警への容疑者引き渡しを拒んだことに、復帰後も米軍基地を押しつけられ続けてきた県民の怒りが爆発したのでした。大田昌秀《おおたまさひで》県知事は軍用地強制使用の代理署名を拒否し、このままでは日米同盟が崩壊しかねない状況の中で、両国の政府は普天間《ふてんま》飛行場の返還で合意します。しかし、その代替地とされた名護市の

図10●日本と沖縄の政治・文化の関係史年表

（本文に登場する事項に限る）

	政治的な出来事	文化的な出来事
1870年代	沖縄県設置（琉球処分、79年）	伊波普猷誕生（76年）
1880年代		内地で『日本人』『日本』創刊（88～89年）
1890年代	日清戦争（94～95年）	伊波、上京（96年）
1900年代	日露戦争（04～05年）	伊波、東京帝国大学で言語学を専攻（03～06年） 卒業後に帰郷、『琉球新報』紙上に「沖縄人の祖先に就て」（06年12月5～9日）発表
1910年代		
1920年代		伊波、再上京（25年）
1930年代	日中戦争始まる（37年）	金城哲夫誕生（38年）
1940年代	沖縄戦（45年3月～6月） 米国の統治下へ	伊波普猷死去（47年）
1950年代	サンフランシスコ講和条約と同時に日米安全保障条約締結（51年） 日本、内地のみの独立（52年）	金城、上京（54年）
1960年代	新日米安全保障条約締結（60年）	『ウルトラQ』（66年1月～7月） 『ウルトラマン』（66年7月～67年4月） 『ウルトラセブン』（67年10月～68年9月） 金城、帰郷（69年）
1970年代	沖縄返還（72年5月15日）	『帰ってきたウルトラマン』（71年4月～72年3月） 『ウルトラマンA』（72年4月～73年2月） 『ウルトラマンタロウ』（73年4月～74年4月） 『ウルトラマンレオ』（74年4月～75年3月） 金城哲夫死去（76年）
1980年代		『ウルトラマン80』（80年4月～81年3月）
1990年代	米兵少女集団暴行事件発生（95年） 日米両政府、普天間基地返還で合意（96年） 名護市で住民投票、移設反対が過半数（97年）	『ウルトラマンティガ』（96年9月～97年8月）以降、「平成のウルトラシリーズ」がおおむね各年放映
2000年代	第一次安倍内閣、集団的自衛権行使容認への検討を表明（06年）	『ウルトラマンメビウス』（06年4月～07年3月）現時点〔当時〕で、テレビの年間レギュラー番組としては最後の作品に
2010年代	鳩山民主党政権、普天間問題の混乱で退陣（10年） 第二次安倍内閣発足（12年） 〔集団的自衛権行使容認の閣議決定（14年）〕	

人々は住民投票（97年）で移転を拒否――今日にまで至る、普天間移設問題の始まりです。

そのさなかの放映となった『ウルトラマンティガ』の結末では、主人公ではなく恋人の女性隊員の側が、「どうしてひとりで抱え込んじゃうの……ウルトラマンには、たったひとりで地球を守らないといけない義務でもあるわけ？」として、正体を知っていることを口にします。いわばウルトラマン（沖縄）の孤独を、地球人＝日本人の側から思いやることばが発せられたのですね。

この作品が好評だったため、「平成のウルトラシリーズ」は２００６～07年の『ウルトラマンメビウス』まで10年間続くのですが、同作品ではついに、主人公が最終回ではなく、放映半ばで正体を明かします。後半では地球人の隊員たちが、しごく普通に「おまえはウルトラマンだよね」と知りながら、一緒に戦う姿が描かれた。第１作から40年をかけて、ついにウルトラマンが仮面ライダー並みになった瞬間とも言えるでしょう。まさにその40年間は、「民族」や「日琉同祖」といった用語を使わなくても、沖縄の人々が自分たちのことを「日本人」だと思えるようになるために、かかった時間でもあったはずです。

しかしいま、ふたたび日本と沖縄の関係は揺れています。『ウルトラマンメビウス』では最終回、ウルトラマン（在日米軍）に一方的に守られるのではなく、対等のパートナーとして宇宙人と戦いたいという夢を抱いてきた隊長の下、防衛隊員のチーム全員が一体となる新たなウルトラマンに変身して、防衛軍の新兵器で敵を倒す姿が描かれました。時の総理大臣はあたかも安倍晋三氏（第一次内閣）。米国への攻撃を同盟国である日本への攻撃と同様にみなして、在日米軍とともに自衛隊も反撃するという「集団的自衛権の行使容認」に向けた検討を表明して波紋を呼んだのは、番組放映中の2006年9月のこと〔14年7月に、第二次内閣での閣議決定として実現〕。ここでもまた、ウルトラマンは日本人の深層意識を映し出したと言えるのでしょうか。

日本の「国民文化」と言われがちなウルトラシリーズでも、沖縄という地域の視点で捉えなおすと、まったく新たな図柄がみえてくる。このように、国家単位とは異なる「地域」という枠組みを設定することで、これまで国ごとに語られてきた歴史や文化の全体像を相対化する試みを、地域研究（エリア・スタディーズ）と呼びます。もともとは冷戦体制下、アメリカ主導の世界戦略を練るために始まったとされる方法論ですが、現在はむしろ、そのような「大国」の論理に批判的な研究者によっても用いられていきます。

ふたつの再帰性を組み合わせるシステム

結局のところ、国民（国籍保有者）のほかに民族という別個のアイデンティティのユ

図11●ふたつの再帰性を組み合わせるシステム

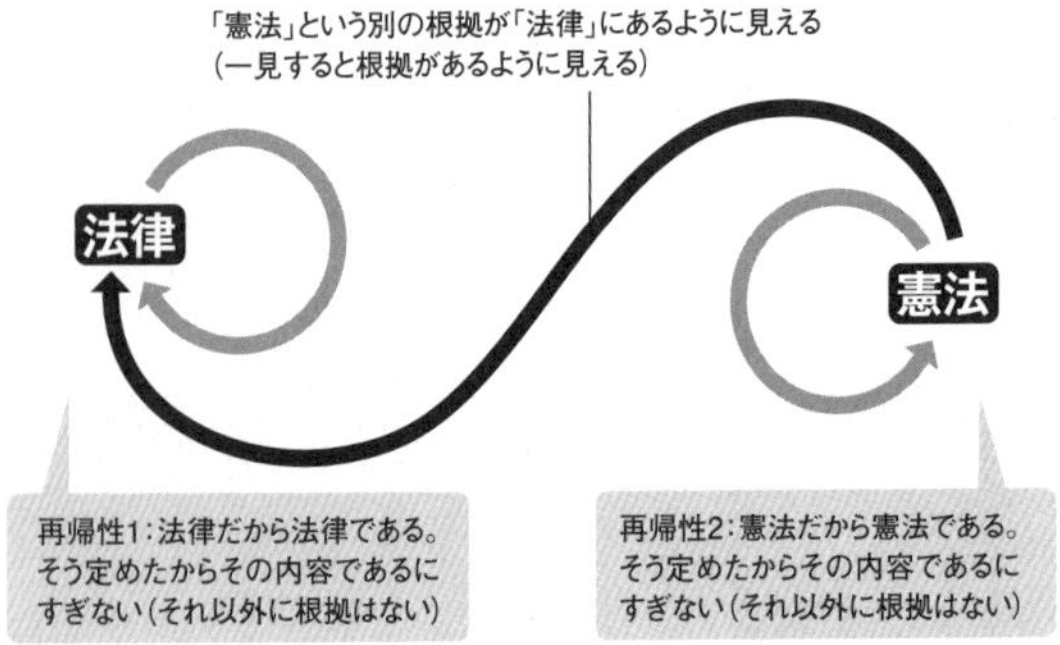
「憲法」という別の根拠が「法律」にあるように見える
（一見すると根拠があるように見える）
法律
憲法
再帰性1：法律だから法律である。
そう定めたからその内容であるに
すぎない（それ以外に根拠はない）
再帰性2：憲法だから憲法である。
そう定めたからその内容であるに
すぎない（それ以外に根拠はない）

ニットを設けたことには、どんな意味があったのでしょうか。ここで興味深いのは、法社会学を発展させて社会システム理論という独自の領域を開いた、ニクラス・ルーマンというドイツの学者の見解です。その思想を平易に説いた福井《ふくい》康太《こうた》氏の『法理論のルーマン』によると、彼はいわば「再帰性はふたつ組み合わせることで、ひとつのときよりも安定する」という考察を、「法律と憲法」を素材として示しています【図11】。

なぜ、特定のルールが法だとみなされて、秩序をもたらすのか。それは究極的には、「現にそれが法とみなされて、みんなが守っているから」という同語反復にならざるをえない。どうしてこの範囲だけが国籍法上の血統なのですか、と尋ねても、「血統とはそういうものだとみなすからです」という根拠しか返ってこないのと同じ、再帰性の構造ですね。

しかしここで、憲法という「法の定め方についての法」を導入すると、事態が変わります。一見したところ「憲法の手続きに則って成立したから、有効な法なんです」という根拠が存在するように見えて（再帰的であることが見えにくくなって）、正統性が強化されると同時に、「それなら憲法の手続きにしたがって、その法を改正することもできますよね」という言い方で、現状の変更を要求することも可能になるわけです。

これは、国民に対して民族の概念が果たした機能に近い。「われわれは同一民族だ」と主張することは、実際には単なる領土の併合で決まったのかもしれない国民の範囲に正統性を付与すると同時に、「だから、われわれの民族文化を破壊するな」と、国家に要求することも可能にしたからです。「法律と憲法」にせよ、「国民と民族」にせよ、それぞれバラバラに見ると再帰的な現象（すなわち、無根拠）であるはずのものが、ふたつ組み合わさることによって安定をみることがある。

しかし、憲法による法律のコントロールと比べた場合、民族の概念によって国民国家を制御するしくみはしばしば暴走し、多くの人々を傷つけてきました。おそらく、ある法律が「合憲か違憲か」に関しては、人々が一定程度のあいまいさやグレーゾーンの存在（たとえば、判決によって結論が異なるなど）を許容できるのに対し、ある人が「何民族か」という帰属意識の問題になると往々にして、最初から一種類のみの解答が社会的に要請されてしまう点に、そのゆえんがあるのでしょう。

どうして、私たちは自分のアイデンティティというものを、単一的で他とは混じらない存在として、想像してしまいがちなのか。次の章では、この問題も考えてみます。

第5章「日本文化」は日本風か

「カルチャー」は「古くからある伝統」ではなかった

「日本国籍」も「日本民族」も、歴史上のある時点で人為的に発明された制度ないし概念であり、それらを通じて再帰的なかたちで、「日本人」の輪郭が作られてゆく過程を見てきました。この章では前半のしめくくりとして、「日本文化」について検討したいと思います。

「日本文化」と聞いてパッと連想するものを挙げてください、と言われたら、なんと答えますか。最近はクールジャパンなる文化政策が強調されていることの影響か、「アニメ」と答える学生さんも稀《まれ》にいますが、教室で試したかぎりでは、やはり能・歌舞伎、生け花、お茶……といった回答が目立ちます。つまり文化といえば、「その国に古くからずっとあって、いまも変わらない伝統的なもの」という印象が強いわけですね。

しかし歴史的にいうと、実はこれは奇妙な文化観なのです。今日の日本語の「文化」は、英語のカルチャー（culture）の訳語ですが、この単語はもともと、「古い・変わらない・伝統」とは正反対の意味で用いられていました。この章で紹介するカルチュラル・スタディーズという学問の開祖でもある、イギリスの社会学者レイモンド・ウィリアムズが英語圏の重要な概念の変遷をまとめた『完訳　キーワード辞典』によれば、「カルチャー」の初期の用法はすべて過程を示す名詞でした。

同系統の動詞であるcultivateが「耕す」の意であるように、カルチャーにはもともと「世話をする」「育てる」というニュアンスがあるのです。これが18世紀に「知的・精神的・美学的発達の全体的な過程」という意味に転じてゆくのですが、ここでもまだ、あくまでもカルチャーの語義は「発達の過程」、新しく進歩してゆくプロセスを指しています。

これはたまたまなのですが、文化という二字熟語もまた、最初は同様の意味で用いられていました。中国古典にいう「文徳教化《ぶんとくきょうか》」に由来し、明治前半には「文明開化」の語義も重ねて用いられた略語で、まさしく（武力ではなく）文をもって教え導く、人々の状況をよりよく改善してゆく営みを指していました。その後も「文化包丁」や「文化住宅」といった用語法には、当時のニュアンスが残っていたわけですね。カルチャーも文化も、もともとはむしろ「新しく変わってゆくもの」だったのです。

これが今日風の「伝統文化」に近い意味に変化していくのは、ドイツ・ロマン主義の知識人たちが、フランス人が賞賛する近代的な文明（civilisation）と対にして、「民族固有の文化（クルツーア、kultur）」という用い方を始めたのが契機と言われています。こちらの用法も、大正時代から哲学書の翻訳などを通じて日本に入ってくるのですが、戦前の日本人の「日本文化」に対する見方は、われわれとは大きく異なっていたようです。

『蛍の光』で愛国心を歌った国
――カルチュラル・スタディーズで考える

この章では特に音楽を扱う研究に注目して、私たちが前提にしている「日本に古くからあって、変わらないもの」という文化観が、どの程度妥当なのかを考えてみましょう。たとえば大学では和服で臨む学生も多い、卒業式の定番ソングである『蛍の光』。ご存じの方もいると思いますが、これはもともとスコットランドの『遥《はる》かな遠い昔（Auld Lang Syne. 現代英語の Old Long Since に相当）』という民謡で、日本とはなんの関係もありません。まさしく、近代に海外から新しく入ってきた存在だったのです。

なにせ元が欧米の歌ですから、それに詞をつけて歌ったのは日本人だけではありませんでした。実は韓国では、かつて同じ旋律が「国歌」として歌われたことがあります。

英国からの直輸入か、日本経由なのかは不明ですが、やがて併合へと至る日本の圧力が強まりつつあった1896年、独立門の建設と同時に『愛国歌』という歌詞が載せられました。

東海（日本海の呼称）の水が涸《か》れ　白頭山《はくとうさん》（現在の北朝鮮と中国の国境にある、朝鮮の民族神話で聖地とされる山）がすりへろうとも　天がお守りくださる　わが国万歳

これが併合後に独立運動家の作った臨時政府によって一時、国歌とされたのです。『蛍の光』といえば、ともに学びあった子供たちが卒業式で別れを惜しむ歌、という平和なイメージのある今日のわれわれの感性からすると、同じ曲にこんな物騒な歌詞を載せて歌っている韓国人というのは、変な人々に見えてきますよね。

しかし、はたしてそれは正しいのでしょうか。実は戦前には日本でも、『蛍の光』は今日の卒業式で歌われる一番・二番の後に、以下のような歌詞がある全四番構成をとっていました（稲垣千穎《いながきちかい》作詞）。

［三番］筑紫《つくし》のきわみ、陸《みち》の奥、海山とおく、へだつとも、その真心は、へだてな

く、ひとつに尽くせ、国のため
[四番] 千島《ちしま》の奥も、沖縄も、八洲《やしま》の内の、護《まも》りなり、至《いた》らん国に、いさおしく、
つとめよ我が背《せ》(私の夫・恋人)、つつがなく

どうでしょう。「心をひとつにして、この国土全体を最後まで守り抜こう」という、むしろ韓国の『愛国歌』に近いニュアンスを感じませんか。日清戦争以降は、四番の「千島の奥も、沖縄も」の部分は「千島の奥も、台湾も」に替えて歌った例もあるそうです。戦後、この三・四番は軍国主義的だということで歌われなくなったから、今日の私たちには『蛍の光』のメロディで愛国心を歌う韓国人が奇妙に見えるだけで、逆ではありません。

この『蛍の光』のエピソードだけでも、私たちは文化に関して、多くを誤解していることがわかります。第一に、それは必ずしも「古くから変わらないもの」ではなく、時代に応じてつねに変化してゆく。第二に、文化とは「国別」に分かれているとはかぎらず、むしろ国境を越えて共有される。第三に、しばしば文化というと「政治とは違って、中立的で平和裏なもの」といったニュアンスがありますが、それもまた違う。日本でも韓国でも、愛国心の昂揚《こうよう》という国家的な目標があって『蛍の光』が普及していった過程にせよ、その共通の歴史を今日の人々が忘れ(させられ?)ている現在の状況にせよ、

文化を享受するという体験自体が、実際にはきわめて政治的な営みです。

　このようなスタンスに立って文化を研究する方法論を、カルチュラル・スタディーズと言います。社会学が、単に社会を研究するから社会学なのではなく、社会で起きるもろもろの現象を「再帰的なもの」とみなして分析するからこそ社会学であったように、カルチュラル・スタディーズもまた、文化を昔から続くのっぺりとした存在としてではなく、たえず再帰的に構成され、改変されてゆく、ダイナミックなプロセスとして捉えるのが特徴です。そのため、社会学の文化版とみなす人もいます。

讃美歌のアレンジで作られた日本人の心の『故郷』

　カルチュラル・スタディーズは日本では「カルスタ」とも略される結果、なんとなくカル（軽）くてチャラチャラした分野のような印象もありますが、本格的な研究からは政治と文化の双方が見えてきます。英国原産の『蛍の光』がなぜ、日本でも韓国でも愛されたのか。音楽学的には、この曲が「四《ヨ》七《ナ》抜き音階」（ヒフミ**ヨ**イム**ナ**＝ドレミファソラシの七音階のうち、4番目のファと7番目のシを抜く）だったことがポイントだと考えられています。

　そもそも「音階が7つに分かれる」という認識自体、クラシック音楽の白人作曲家たちが再帰的に作り上げた記譜法にすぎず、日本の琴や尺八をはじめ、世界各地の伝統的な音楽観は五音階に近かった。だから、ファとシを抜いて5つの音で書かれた曲の方が、文化の壁を越えてヒットすることがある。坂本九《さかもときゅう》の『上を向いて歩こう』（１９６１年）がアメリカでソウル・ミュージックの古典に入ったのにも、そういう背景があったことを、佐藤良明《さとうよしあき》氏が『Ｊ－ＰＯＰ進化論』で明らかにしています〔最近だと、２０１７年末にタイでカバーされて日本と同様にヒットした『恋するフォーチュンクッキー』も、ヨナ抜き音階ですね〕。

しかし近代という時代には、列強諸国に追いつくために非西洋の国でも、音楽をはじめとした感性の領域にまで、欧米流を取り入れることが求められました。芸術学の研究者である渡辺裕《わたなべひろし》氏の『歌う国民』は、明治政府が憲法より10年も早く「音楽取調掛《とりしらべがかり》」（１８７９年）を設置したことに注目しています。たとえば軍隊は兵士に集団行動を教え込まないと、武器だけを新しくしても使いものにならないので、西洋型のマーチにあわせて行進させることが重要だった——これは東京都知事〔当時。２０１３年末まで〕の猪瀬直樹《いのせなおき》氏も、作家時代の旧著である『唱歌誕生』の解題で指摘していました。

とはいうものの国民の従来の感性と完全に断絶してしまっては、せっかくの西洋音楽が普及しません。かの有名な唱歌『故郷《ふるさと》』はこの点で、非常に巧みな工夫をしていたと猪瀬氏は述べています。この曲を書いたのは岡野貞一《おかのていいち》というクリスチャンの作曲家で、リズムパターンも「風はげしく」という讃美歌から借りたものでした。さらに、戦前の

『尋常小学唱歌』全118曲のうち、6曲しかない三拍子（ワルツのリズム）の作品でもあります。曲名や今日の定着度に反して、本来は「モダン」で「欧米風」の楽曲だったのですね。

それが、どうして私たちには日本のふるさとそのものを描いたような、ノスタルジックな唱歌として受け入れられたのでしょうか。それは『故郷』がテンポを落としてゆっくり歌えば、二拍子のリズムでも歌えるように工夫されていたからだ、と猪瀬氏は言います。非常に大雑把な言い方としては、三拍子は馬に揺られる際の遊牧民族のリズム感、二拍子は鍬《くわ》をふるう時の農耕民族の感性に近いとされることがありますが、両者を巧みに折衷することで、「伝統的」にさえ見える新しい文化が、定着していったのです。

最初から「純邦楽」ではなかった『春の海』

そして、このように日本文化が「古くから変わらないもの」というより、「海外からもたえず新しい要素を取り入れて、進歩してゆくもの」だという発想は、どうやら戦前の方が今日のわれわれ以上に、多くの文化人のあいだで前提とされていたらしいのです。たとえばお正月にスーパーのBGMでよくかかる、宮城道雄《みやぎみちお》の『春の海』という曲がありますね。これは、今日では琴と尺八で演奏されることがほとんどなので、多くの人は日本の伝統に根ざした「純和風」の音楽だと思っています。実際に宮城が作曲したのは1929年なのに、江戸時代くらいからある旋律だと感じている人も少なくありません。

ところが渡辺裕氏の『日本文化 モダン・ラプソディ』という別の本によれば、発表当時、この曲はむしろ「洋楽風」のものだと評価され、1932年には作曲者の宮城が琴、ルネ・シュメーというフランス人女性が（尺八ではなく）ヴァイオリンを担当したレコードまで録音されていました。しかも、その演奏が特に「キッチュ」「斬新」「目新しさ狙い」としてではなく、しごくまっとうな音楽的実践として論評されていたといいます。

つまり戦前の日本人にとって、日本音楽とは「伝統的な楽器と音階のみを用いた、昔から変わらない楽曲」のようなかたちで、西洋音楽と対立的に捉えられるものではなかったと、渡辺氏は指摘します。実際にヨナ抜き音階の向こうを張るように、西洋の曲の七音階を吹けるように穴を7つ開けた「七孔《しちこう》尺八」なるものまで開発されていたとか。文化ということばの原義に忠実に、邦楽も日々改良されていたのです。

タカラヅカの挫折にみる「日本文化」の転換

ではいったい、いつから私たちは日本文化を「わが国固有の変わらぬ伝統であり、欧米のそれとは混じりあわないもの」として認識しだしたのでしょうか。そこで渡辺氏が先の著書、および『宝塚歌劇の変容と日本近代』で着目しているのが「タカラヅカ」です。

宝塚歌劇団といえば、現在の私たちには『ベルサイユのばら』や『エリザベート』のような、コテコテなくらい純西洋風のミュージカルという印象がありますよね。しかし阪急電鉄の経営者・小林一三《こばやしいちぞう》が1913年に同劇団の前身（宝塚唱歌隊）を創設した際には、小林はむしろ宝塚を「歌舞伎改良」の一環として位置づけていました。邦楽と同様に歌舞伎もまた、新たに海外からの影響を取り入れて日々進歩してゆくのが当然だと、思われていた時代でした。

ところが歌舞伎という国民文化の改良を担おうとする小林の戦略は、20年代初頭に東京進出をめぐってつまずきます。渡辺氏の用語でいう「東京帝国主義」――つまり歌舞伎のような「スタンダード」な日本文化は、日本の中心たる東京にすでに存在しているのだから、兵庫県あたりの田舎者が手を出してくれなくてよろしい。むしろあんたたちの売りは妙齢の女の子を揃《そろ》えているところなのだから、少女らしくあどけない、かわいい演目さえやってくれればいい。そういう視線を東京の演劇界から浴びせられたというのです。宝塚のような「地方」は、あくまでも「イロモノ」を提供すればいい、という発想ですね。

当然、小林としては悔しい。そこで方針を転換して、「東京にないもの」をやれというなら、むしろ東京以上の「西洋直輸入」で鼻を明かしてやろうと考えました。こうして1927年の『モン・パリ』から、今日にまで続くフレンチ・レビュー路線が始まったのです。

やがて戦争が始まると、宝塚歌劇団も軍国主義的な演目を通じて時局に協力しますが、特に1941年の対米開戦以降は「純西洋風」のウケが悪くなります。そのため42年には『北京』『東へ帰る』など、中国や東南アジアに素材をとった「アジア風」のミュージカルを舞台に載せることになりました。逆にいうと、戦前には日本文化が「日々、海外から新しいものを取り入れて進化するのが当たり前だ」と捉えられていたからこそ、ヨーロッパからアジアまで、あらゆる要素を臨機応変に導入できたのだとも言えます。

そして、このように「外来の要素を日々吸収し進歩する日本文化」という発想が、大東亜共栄圏の夢とともに挫折したために、戦後になってその反省（ないし反動）として、「各国の文化はそれぞれに固有のもので、安易に変えることなどできないし、混ぜあわせることもできない」という今日風の文化観への転換が生じたのではないか、というのが渡辺氏の見立てです。たしかに、日本の文化は西洋からも東洋からもさまざまな要素を摂取して、つねに新しく進化しつつあるという認識は、「だからこそ、わが国だけがアジアの盟主として世界を変革しえる」といった、危険な自国至上主義にも応用されやすい。

だから、戦時中の傲慢さを招いたそのような考え方は、捨てるべきだ。むしろ、日本の文化には西洋とは異質なものがあり、両者を混ぜあわせるなどという発想は邪道である。文化とは純粋であることに価値があり、洋楽受容にあたっても、日本人は最初から混じり気のない「西洋化」こそをめざしてきたはずだ——。戦争の反省とともにかような価値観の転換が生じたことが、かえって私たちの文化観を「国ごとの・変化のない・伝統志向的な」狭い認識へと変えてしまったのではないか、というのが渡辺氏の考察です。

「文化になる」のはいいことか？

こうして振り返ってくると、文化というものもまた二重の意味で、きわめて再帰的な現象だということがわかります。ひとつには、どのような歌曲に「日本らしさ」を聴きとるかという感性自体が、まさに音楽文化の創造を通じて作り上げられているという意味で。もうひとつには、そもそも私たちが「文化」をいかなるものとみなす（定義する）かという認識自体が、文化と時代との相互作用を通じてつねに揺れ動いてきたという点で。

この後者の視点は、今日の文化政策の問題を考える上でも非常に重要です。たとえば歴史的な建築物などが「文化遺産」に認定されると、私たちはそれをいいニュースだと感じて嬉《うれ》しくなる。そのものの価値が、高く評価された証拠だと思うからですね。しかし、あるものが「文化」と認定されるのは、本当に喜ぶべきことなのでしょうか。

この問題をカルチュラル・スタディーズでは「有標《ゆうひょう》（marked）」と「無標《むひょう》（unmarked）」という対概念で分析します。実はあるものを「どこそこの文化だ」と呼ぶのは、それを文化というラベルによって「有標化」する営為なのですね。

たとえば西洋人が「畳は日本の文化だ」というときには、「フローリングの方が『普通』だけど」という価値基準がセットになっている。この場合、あまりにも標準的（だとみなされるもの）なのでむしろ文化とは呼ばれない、フローリング＝西洋風の暮らしの方が「無標」です。

つまり文化として認定される＝有標化されることとは、「スタンダードではない特殊なもの」として、世界の中心から一段下がった価値づけをされることと表裏一体なのですね。あらゆる現象において、中心的な地位を占めるものはつねに無標であり、周縁に位置づけられるものの方が有標です。

たとえばヒップホップを「黒人音楽」と言っても、ベートーベンは「白人音楽」とは呼ばれない。女性の著述家を「女流作家」と言うのに、男性の物書きは「男流作家」ではなく、単に「作家」。チャイナドレスやチマチョゴリは「アジアの民族衣装」なのに、スーツにネクタイは「欧米の民族衣装」ではなく、「普通の格好」と言われます。

渡辺氏が宝塚の変遷を描く際に「東京帝国主義」ということばを用いたのは、まさに

図12●1939年4月、宝塚歌劇団のアメリカ公演の舞台
（渡辺裕『宝塚歌劇の変容と日本近代』より）

このような問題を意識するがゆえでした。一国の内部では、その首都（都会）がしばしば無標のものとして中心にあり、地方（田舎）の方が有標化されているからこそ、「地方文化」や「地域の個性」を求められる。それは、世界全体の構造の縮図なのです。

特に近代においては、西洋・白人・男性の価値観が無標のスタンダードとして中心の位置を占め、それ以外のものが「民族文化」のように有標化されてきました。実際、国内ではフレンチ・レビューを導入して以降の宝塚歌劇団も、欧米での公演ではむしろ、「日本的」な歌舞伎風の作品を上演しています【図12】。

海外での彼女たちは、欧米人と同様の「普通のミュージカル」を演じる存在ではなく、「日本の劇団」という有標化されたブランドにすぎなかったからです。同じことは、昨今のクールジャパン現象についてもあてはまるでしょう。

近代という時代において、欧米から見れば日本はつねに、有標の存在でした。本書の後半ではまず、世界で日本がどのように「見られてきたのか」を振り返るところから、議論を始めたいと思います。

Part 2　発展編

日本人論で
考える

第6章　「世界」は日本をどう見てきたか

「イメージ」は現実を支配する——比較文学で考える

　西洋・白人・男性の文化が決して有標化されず、無標のスタンダードだとみなされる近代世界では、日本や日本人のイメージもまた、しばしば欧米という「中心」からの視線に沿って描き出されてきました。そのように世界の人々の認識をコントロールすることで、中心の権力が周縁を支配する上で都合のよい現実が、作り上げられてきたのではないか。このような問題を提起したのは、パレスチナ系アメリカ人の比較文学者だったエドワード・サイードが書いた、『オリエンタリズム』という書物です。

　オリエンタリズムとは、西洋の側がみずからの支配を支えるために、本当の実態とは関係なく、自分たちに都合のいいような「オリエント」（東洋）のイメージを作り出すことを指しています。たとえば「進んだ西洋、遅れた東洋」「勤勉なヨーロッパ人、怠惰なアジア人」というイメージは、欧米諸国によるアジア・アフリカの植民地化を正当化する効果を持ったわけですね。実際には、西洋の方が優れているから東洋を植民地にしたというよりも、アジアやアフリカを彼らが暴力的に植民地にしたからこそ、現地の人々に「劣っている」というレッテルが貼られたのではないでしょうか。

このような視点を与えてくれる点で、サイードが提出したオリエンタリズムの概念は、近代の国際社会における異文化表象の問題を、再帰的な現実の構築という観点から捉え返すヒントを提供してくれます。実際にサイードは「オリエンタリズムとは、オリエントを題材とするヨーロッパ製の［単なる］空想物語などではなく、一体のものとしてつくり出された理論および実践なのである」という言い方をしています。

単に、自分たちがよく知らない地域について、エキゾチックな妄想を繰り広げてしまうというだけのことなら、東洋の側にもあったでしょう。しかし、近代世界において政治・経済上の権力の中心を占めた欧米諸国が展開したオリエンタリズム（歪んだ東洋認識）には、実際にそれに合わせて相手を差別したり、服従させたりしてしまうという、恐ろしい力が伴っていた。第1章で引用したマートンによる、白人側の「黒人のスト破り」認識の話題を思い出してもらうとよいかもしれません。サイード自身、つねに「アラブ人は野蛮なテロリストだ」というイメージで、彼の祖国であるパレスチナの問題が語られ続けることへの怒りから、この概念を着想したと言われます。

この「中心」の権力によるイメージ操作を通じた再帰的な（中心の側に都合のよい）現実の構築という問題に対して、私たちはどう対処すべきなのでしょうか。サイードが専攻した比較文学とは、実はそのための方法論でした。比較文学と聞くと、少年少女版の『世界文学全集』のようなものを漫然と読んで、数か国の作品をあれこれ比べる学問かなと思ってしまいがちですが、そうではありません。

むしろオリエンタリズムを典型として、あらゆる国の文学や芸術作品には、「その国（たとえば欧米）が作り上げた再帰的な認識の中では、しごく当然の現実の描写として通用してしまうけれども、描かれている人々（たとえば東洋）の視点に立って見なおしてみれば、まったく不合理な表現になっているもの」が満ち満ちている。複数の視座を切り替える＝比較しながら作品を分析することで、ひとつの再帰性の内側からでは見えてこなかった問題の所在や、新たな作品解釈を明らかにする。それが比較文学という手法です。

「日本人」はハリウッドでどう描かれてきたか？

この章はその典型として、ハリウッド映画における「日本人の描かれ方」を取り上げてみましょう。近代の欧米社会で有標な存在とされ、すなわち「普通ではない、変なやつら」とみなされてきた日本人は、今日の目で見ると散々な扱いをしばしば受けています。

草創期のハリウッドを支えたスターに、早川雪洲《はやかわせっしゅう》という伝説的な人物がいました。明治の終わりごろにあたる1907年に渡米し、15年の『チート』という作品でブレイク、美男俳優としてダグラス・フェアバンクスやルドルフ・ヴァレンチノと並んでスターになりました。いま風に言えば、レオナルド・ディカプリオやブラッド・ピット級です。

しかしこの『チート（卑劣漢）』で早川が演じたのは、極悪非道の東洋人富豪でした。金にものを言わせて夫のある白人女性に言い寄り、相手を奴隷も同然と考えていて、抵抗する彼女に力づくで、家畜と同じ焼印を押し当てるすさまじいキャラクターです。このシーンでは背景に盆栽から仏像まで、さまざまな「日本風」の意匠が配置されています。日露戦争後にヨーロッパでは黄禍論《こうかろん》が高まり、ハリウッドの所在地であるアメリカ西海岸でも日系人が現地人の職や土地を奪うと攻撃されて、移民問題が険悪化していた時代でした。「野蛮な日本人が、経済力をつけてアメリカに挑戦しようとしている」というイメージが、現実社会でも映画の中でも共有されていたのです。

その後、あたかも「予言が自己成就」したかのように日米間で太平洋戦争が勃発すると、アメリカにおける日本人の描かれ方は卑劣漢どころではなくなります。ジョン・ダワーの『容赦なき戦争』が紹介するように、戦時中の米国の雑誌には、日本人をサルやシラミ（！）にたとえた風刺画が大量に掲載されました【図13】。もっともダワーが指摘するとおり、当時は日本人も「鬼畜米英」などといって、ルーズヴェルト大統領をはじめとするアメリカ人を醜い鬼として描くプロパガンダをしばしば行っていましたから【図14】、この点ではお互いさまですね。

しかしながら戦争が終わると、米ソ対立の東西冷戦の下で、日本はアメリカにとって「反共産主義の砦《とりで》」「資本主義陣営の優等生」という位置づけに変わります。このとき、いわば日本と英米との和解の象徴としてふたたび担ぎ出されたのが、日系人差別に嫌気がさして1922年にハリウッドを去っていた早川雪洲でした。

英国人のデヴィッド・リーンを監督に、米英合作で作られた57年の『戦場にかける橋』の舞台は、ビルマとタイの国境付近にあった日本軍の捕虜収容所。所長役の早川は時にイギリス人の捕虜を虐待するなど、暴力的なところもあるのですが、心の底には武士道を抱いた誇り高い軍人として描かれます。結果、彼と英軍将校のアレック・ギネスのあいだに敵味方を越えた尊敬の念が生まれ、協力しあって、せめて戦場の河に橋を架けて残そうとする。そんな話です。

戦前の『チート』は国辱映画として、公開当時の日系人社会や日本国内では非難されたのですが、メディア史研究者の浜野保樹《はまのやすき》氏の戦後映画論である『偽りの民主主義』によると、この『戦場にかける橋』は日本でも大いに好評を博したそうです。『キネマ旬

図13●
日本兵を害虫にたとえた
アメリカの風刺画
（図13、図14ともに、ジョン・ダワー
『容赦なき戦争』より）

図14●
ルーズヴェルト大統領を
醜い鬼として描く
日本の風刺画

報』という、いまも年末に批評家や読者の投票でベストテンを発表している雑誌がありますが、同作は公開年の外国映画5位に入賞。日本人を描いた海外の作品としては初めての快挙で、主題曲となった『クワイ河マーチ』も流行しました。ブラスバンドの定番曲として、今日でも学校の運動会で耳にするあのメロディです。

ところが、と浜野氏は指摘します。実はこの曲は第二次世界大戦中、実際のイギリス兵たちが「ヒトラーのキンタマは一つだけ（Hitler Has Only Got One Ball）」という卑《ひ》猥《わい》な歌詞をのせて口ずさんだ歌で、映画では冒頭、収容所の捕虜たちが労務作業から戻ってくるときに旋律を口笛で吹く。つまり本来は、「おれたち英国人は、卑しいヒトラーと同類のおまえら日本人なんかに、心服していないぞ」という描写のために、選ばれた曲だったのですね。

しかし、それを当時の日本人は「初めて日本を欧米と対等に描いてくれた映画」のシンボルとして、無頓着に歓迎してしまった。オリエンタリズムの構造の下で「周縁」に置かれた地域はそれだけ、「中心」に認められるためなら、いかなる表現でも受け入れてしまうことがあるのです。

日本人女性と結婚した米兵が、差別された時代

ここで興味深いのは、浜野氏が同じ1957年に公開されたもう一本の「戦後和解」

を象徴する作品に対する、日米のあいだでの温度差を紹介していることです。

その名は『サヨナラ』。朝鮮戦争期の日本を舞台に、マーロン・ブランド演じる主人公の米国軍人が、日本人の歌劇団女優と結ばれる話です。同年のアカデミー賞では『戦場にかける橋』と対等に評価されて主要部門を分けあい、ブランドの部下の男性兵士（レッド・バトンズ）の恋人役を演じた梅木《うめき》ミヨシ（ナンシー梅木）が助演女優賞を受賞しました。今日に至るまで、日本人の演技部門でのアカデミー賞受賞は、彼女が唯一です。

ストーリーだけ読むと、いかにもいい加減なエキゾチズム丸出しの作品に見えますが、実は同作は、かなりまじめな社会派映画でもありました。その背景は太平洋戦争とその戦後処理が顕在化させた、人種差別解消の問題、特に異人種間婚姻の問題です。

日米ともに人種主義を剝《む》き出しにして争った「容赦なき戦争」だったとはいえ、この戦争はアメリカ社会にとって、人種政策の転換点になったと言われます。国の総力を挙げての戦争ですから、露骨に人種差別を肯定していては、黒人の兵士たちの協力が得られない。さらに、（内実がまったく伴わなかったとはいえ）敵方の日本が建前だけでも「大東亜共栄圏」を掲げている以上、米国としては「いや、われわれ民主主義陣営の方こそが、真に差別なき社会をめざしている」とアピールする必要もある。よく知られているように、戦時下の米国では日系人の強制収容が行われましたが、「そのようなやり方が、ナチスや日本の人種差別と戦うわが国にふさわしいのか」という批判は、当時からあったそうです。

さらに戦後、アメリカに従来の人種・移民政策の再考を迫る事態が生じます。米国移民史の研究者である貴堂嘉之《きどうよしゆき》氏は、論文集『人種の表象と社会的リアリティ』によせた論考で、米国の「兵士１６００万人の現地女性との恋愛問題」が、「異人種間混交禁止の体制に変化をもたらした」と指摘しています。それまで米国では人種が異なるカップル（特に、白人と黒人のあいだでの婚姻や性交渉）への偏見が強く、さらに戦前には厳しい移民規制もあったのですが、兵隊さんはしかたないということで１９４５年の末に「戦争花嫁法」が連邦議会を通過し、米軍兵士・軍属と結婚したヨーロッパ系の女性とその子供については、移民制限の枠外で入国を認めようということになりました。

しかしアジア系に対しては差別があったので、日本人妻の場合は47年の同法改正まで入国が認められず、しかもその後も数年間は手続き期間等の制限が残っていました。『サヨナラ』が描いたのはまさにこの問題で、かような扱いのために、将来をはかなんだバトンズと梅木のカップルは自殺してしまいます。こんな差別が許されていいのか、と訴えたにもかかわらず、しかし日本では不評でした。先の『キネマ旬報』のベストテンでは、評論家がひとりも得点を投じなかったというから総スカンです。

「ヒトラーのキンタマは一つだけ」がテーマ曲でも大好評だった『戦場にかける橋』と

のこの差は、どうして生じたのでしょうか。ここで、前章の末尾で西洋・白人とあわせて「男性」が、無標にして中心の地位を占めていたことを思い出してください。『戦場にかける橋』はあくまで、日英の軍人という「男性どうし」のかたちで相互の交流を描いたがゆえに、鑑賞する日本人は、自分たちが対等に評価されたという感覚を得ることができました。しかし『サヨナラ』では「米国人男性と日本人女性」の組み合わせでストーリーが展開し、梅木ミヨシは恋人の白人男性の背中をお風呂で流してあげる「献身的な東洋人女性」を演じます。作品中、彼女は「私と軍隊とどっちが大事なの？」と言ってマーロン・ブランドに食ってかかる「自己主張の強い白人女性」と、対照的に描かれるのですが、これはまさにサイードのいう「西洋人（男性）に都合のよい東洋人（女性）イメージ」の最たるものでしょう。かようなかたちで「中心・周縁」の構造を露呈してしまったことが、当時の日本人に『サヨナラ』の受容を拒否させたのです。

「日本人論が好きなこと」が日本人の個性
――比較文化で考える

このように見てくると、西洋・白人・男性を中心とする近代世界の構造の下で「周縁化」されてきた日本人にとっては、自分たちを中心と対等だと認めさせることが、至上命題として意識されていたことがわかります。そう考えると第1章でも触れたように、どうして日本人が（怪しいものも含めて）「日本人論」が大好きなのかも見えてきます。

すなわち日本人論とは、日本人は「普通」（＝西洋・中心）とは異なる特殊な存在だ、というかたちで自分たちがこの世界で有標化されてしまっていることを前提に、「それではいったい、どこが違うのか。どうすればその違いを乗り越えて、『普通』の（とされる）人々にも認めてもらえるのか」を議論するためのツールだったのです。文化人類学者の船《ふな》曳《びき》建《たけ》夫《お》氏は『「日本人論」再考』で、このことを巧みにこう述べています。

> 「日本人論」とは、近代の中に生きる日本人のアイデンティティの不安を、日本人とは何かを説明することで取り除こうとする性格を持つ。不安を持つのは、日本が近代の中で、特殊な歴史的存在であること、すなわち、「近代」を生み出した西洋の地域的歴史に属さない社会であった、ということに由来する。（39～40頁）

比較文学の方法論をより広く適用し、素材を狭義の文芸作品に限らずにこのような文化間の摩擦について考察する学問を、比較文化と言います。これもしばしば誤解されていますが、比較文化とは「日本人は集団主義的で、西洋人は個人主義的だ」といった適当な比較をすることではなく、「ある文化の中にいては、あまりに自明視されすぎて気づくことができない思考や慣習の前提を、他の文化との対照によって明らかにする」営為です。

そう考えた際に得られるのは、「世界」をどこかよそから自国に迫ってくる存在として他律的に捉え、その「世界」の基準は自分たちをどう評価するだろうか、を気にする日本的な思考様式自体が、実は世界において周縁化された地域の特徴であり、決して普遍的なものではないという示唆でしょう。この問題については比較思想の研究者だった藤《ふじ》田《た》雄《ゆう》二《じ》氏が「近世日本における自民族中心的思考」という論文で、優れた指摘をしています。

私たち人間には誰しも自尊心があるので、どんな人々もしばしば自分たちの文化を「優れたものだ」とみなしがちです。しかし藤田氏の区分では、そのようなエスノセントリズムにも、ふたつのタイプがある。

片方は「自分たちは人間として普通のあり方をしており、他民族にはそれが欠けている」と考える「文明型」。もう片方は、「自分たちは普通のあり方をしていないがゆえにこそ、優れている」と考える「選民型」。前者が暴走すると、自分たちのやり方を他の国にも押しつける帝国主義になり、逆に後者は、みずからの特殊性ばかりを強調して他国からの影響を排除しようとする、鎖国志向や排外主義に陥ります。

文明型の思考法をとる国は、世界というものを自身と対立するものとはみなさず、むしろ自国のあり方を広げてゆくべきフィールドとして捉えるでしょう。今日ではアメリ

図15●「自国と世界」の捉え方の違い

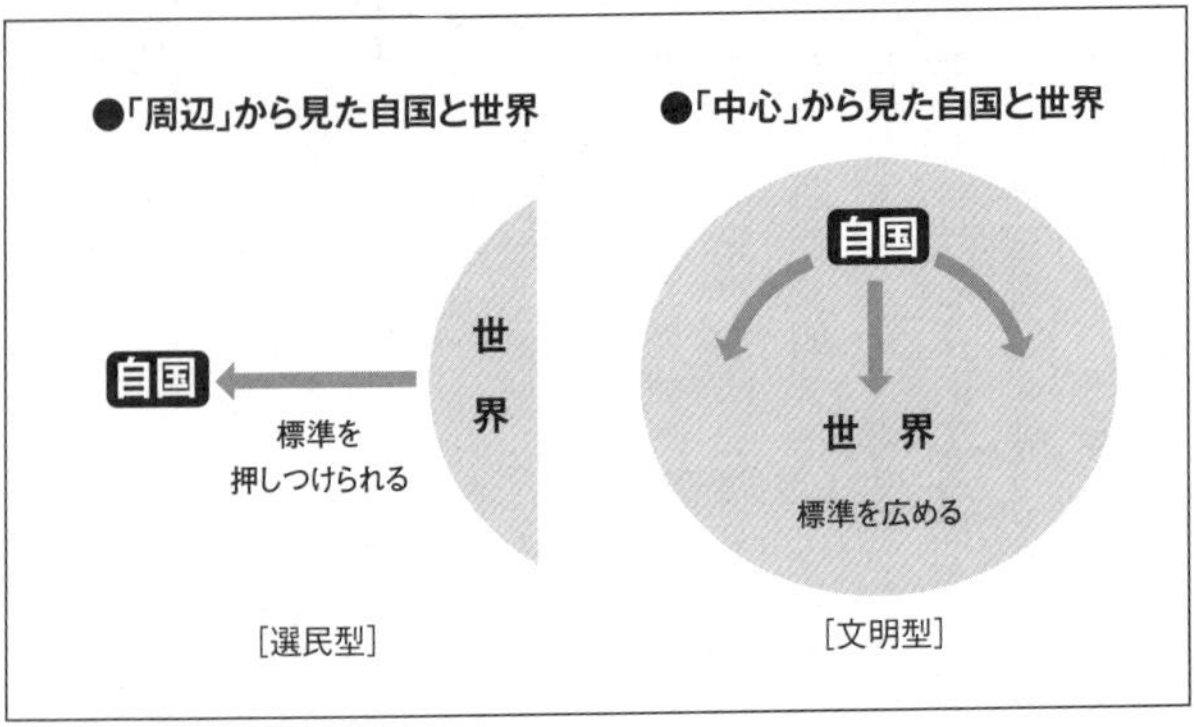

カ、前近代では中国の行動様式が典型ですね。逆に日本は典型的な選民型の自己意識を持つ国で、いつの時代も「グローバルスタンダード」は自国の内部ではなく、よそから来るものだと考えて、その対応に悩んできた【図15】。そしてどうにも適応できないとなると、「日本人にはあわない」「日本には日本のやり方がある」といって、牙をむくのです。

今日の日本でも「グローバル人材」の育成が叫ばれる一方で、日本独自の「国家の品格」を守れと主張する人もいます。近日の2020年東京オリンピック招致成功の際にも、それを単なるイベント誘致以上に「国際社会が日本を認めたことの証明」とみなして、国の命運を左右するかのように扱う雰囲気がありましたね。しかし、そのように標準を外部に求めてしまうこと自体が、周辺地域にありがちな思考の癖であることも、比較文化は教えてくれるのです。

第7章 「ジャパニメーション」は鳥獣戯画か

のび太やしんちゃんが世界を救う国

第5章で、クールジャパンの話題が出たのを覚えているでしょうか。日本製のマンガやアニメなど、長いあいだ国内限定の「おたくカルチャー」だと思われてきたものが、意外に世界に通用することがわかってきたので、積極的に海外に売り込んでいこうという議論を、最近は政治家やビジネスマンの口からも聞くことが多くなりました。

この「世界に通用すると嬉しい」という感覚が生まれたゆえんを、前章では明らかにしたとも言えますが、同じく比較文化の手法からは、この政策がいきあたるだろう困難についても、分析することができます。実はその普及の度合いに反して、これまでも日本のマンガやアニメはしばしば、特にヨーロッパで批判の対象になってきました。もっともバッシングが激しかったのは1980年代のころで、「子供番組」であるにもかかわらず登場人物（多くは子供）が互いに戦い、殺しあうストーリーや、流血を含めた「残酷」な描写が数多く含まれているとして、放映が規制されることもありました。

のび太くんやクレヨンしんちゃんですら、劇場版では悪の組織と戦って世界を救うことがめずらしくないわが国の文化を前提にすると、欧米の人たちはいったいなにに、そこまで目くじらを立てているのだろうと思うかもしれません。しかしながら、むしろ日本のアニメ文化を高く評価して、自分の作風に取り入れている海外のクリエーターでも、このような価値観の違いに必ずしも無縁ではないのです。

これは私が学生時代、文化人類学の白石《しらいし》さや先生に授業で教えていただいた例ですが、ジェームズ・キャメロン監督の『ターミネーター２』（１９９１年）は実質的に、３年前の大友克洋《おおともかつひろ》原作・監督のアニメ『ＡＫＩＲＡ』のリメイクとしてなりたっています。『ＡＫＩＲＡ』は、いわゆる「ジャパニメーション」の芸術性や質の高さが欧米圏で注目されるきっかけになった作品で、キャメロンもまた後の『アバター』（２００９年）にスタジオジブリからの引用が多く見られるように、日本アニメ贔屓《びいき》で知られる監督ですね。

このふたつの作品は、ともに核戦争で都市が廃墟《はいきょ》と化す描写から始まり、場末のバーからバイクで走りだす主人公、鍵を握る人物をめぐる病院での争奪戦、最後の対決に敗れてドロドロに融解しながら消滅していく悪役……など、数多くのモチーフを共有しています。超人的な戦闘能力を持つ人物（ないし人造人間）が核エネルギーの隠喩として登場し、全人類さえ滅ぼしかねないその力を、今度こそ私たちは「正しく」コントロールしていくことができるだろうか、という主題が描かれるのも同じです。

しかし両者のあいだでまったく正反対なのが、まさしく先ほど触れた「子供」に対する捉え方です。『ターミネーター2』で核兵器にもなぞらえうる無敵の能力を備えているのは、あくまでアーノルド・シュワルツェネッガー扮《ふん》するターミネーター（とそのライバル）であり、登場する子供は彼のような大人に守ってもらう存在です。しかし、『ＡＫＩＲＡ』の方では、覚醒して地球を滅ぼしかねない超能力を開花させる島鉄雄《しまてつお》も子供なら、それを食い止めようとする側も子供。登場する大人たちはどちらかといえば、むしろ子供どうしのバトルに取り残されている頼りない存在です。

子供が普通に戦闘・殺傷行為を繰り広げる日本のバトルアニメは、欧米人の目からすると、「シュワルツェネッガー並みに強い子供がわんさか出てきて、ターミネーターばりに戦争している」作品に見えるわけです。そう思えば当初、彼らが日本のアニメを異常・残酷なものとみなして、拒否反応を示した事情もわからないではありません。

中世ヨーロッパに「子供」はいなかった？

このように、一見すると欧米人の勘違いに見えるバッシングにも、比較文化的に掘り下げてみると、そこには「子供観の違い」という大きな問題が横たわっています。

欧米社会では、子供を大人と区別して「大人に守ってもらうべき、ピュアでイノセントな存在」だと捉える発想が強い。だから、子供が大人並みに武器を持って戦ったり、殺したり殺されたりする日本のアニメの表現が、当初は受け入れられなかったわけですね。近日話題になったところだと、大人どうしの性描写については欧米の規制はゆるいのに、「児童ポルノ」は厳格に取り締まるといったルールもまた、このような子供観に由来します。

それではどうして欧米にはそのように、大人と子供のあいだに鋭い一線を引く文化があるのでしょうか。この問いを最初に提起したのは、フランスの大歴史家だったフィリップ・アリエスの『〈子供〉の誕生』という研究でした。アリエスはさまざまな史料を駆使して、ヨーロッパでも中世には「子供」は存在しなかったと主張します。

もちろん女性が出産しなかったという意味ではなく、「生まれてから数年～十数年くらいが経過したヨーロッパ人」はむろんつねにいたわけですが、彼らのことを大人とは質的に区別して「子供」だとみなすような認識が、中世の欧州にはなかったのではないかと指摘したのです。たとえば当時の肖像画を見てみると、彼らは大人と同様の格好をして、いわば「小さな大人」として描かれています【図16】。

実際、当時のヨーロッパは今日に比べてはるかに貧しかったため、一般庶民の世界で

図16●小児を「小さな大人」として描く
ヴァン・ダイクの肖像画
［17世紀］

図17●子供を子供らしく描く
オーギュスト・ルノワールの肖像画
［19世紀］

（図16、図17ともに、福島章『青年期の心』講談社現代新書より）

は物心ついたころから、子供は徒弟修業に出て働くのが当たり前で、「大人（親）に守ってもらえる」余裕などありませんでした。文字どおり小さな大人として、労働力としてのみ扱われていたわけです。

　しかしアリエスいわく、近代へと向かうにつれて、これが徐々に変わってくる。たとえば学校が整備され、彼らを教育する場が巷《ちまた》の職人工房から切り離されると、「純粋で天真爛漫《てんしんらんまん》な存在である『子供』は、大人たちが暮らす一般社会の荒波から（いったんは）隔離して、愛情あふれる家庭の下で育ててあげるべきだ」といった規範が生まれてきます。かような感覚が、よりいっそう学校教育を普及させ、児童労働は問題だとする認識を作り出し……という繰り返しによって、「大人とは区別される（べき）

存在」としての子供が、誕生したというわけです【図17】。

アリエスの時期区分自体には批判もありますが、少なくとも彼が行った「子供」とは再帰的な存在だという主張は、教育学などの関連諸学でも広く受け入れられています(私がこの章のテーマについて教わった白石先生の講義も、教育学部のものだったのでした)。第1章で紹介した、ギデンズの「近代社会では、再帰性が社会を変化させる方向に作用する」という指摘を、思い出した人もいるでしょう。

日本列島上に住んでいる人、は古代以来ずっと存在していても、日本国籍保有者という意味での「日本人」は、近代に入ってから再帰的に作られたものだった。それと同様に、6歳から18歳くらいまでの人間、はいつの時代も存在しますが、彼らのことを大人とは異なる存在とみなして保護しようとする制度や規範意識は、まさしく「小さな大人」ではなく『子供』」という認識の創造を通じて、再帰的に作り出されてきたものだったのです。

手塚治虫《てづかおさむ》が泣いた戦時国策アニメ――新歴史主義で考える

だとすると子供が小さな大人どころか、「大人以上の大人」として活躍するマンガやアニメを当たり前だと感じる私たち日本人の感覚は、いつどのように作られたのでしょうか。今日の日本社会では国民皆教育が成立し、労働基準法で児童労働も規制されています。

しかし私たちは『ドラゴンボール』にせよ『ワンピース』にせよ、子供が戦うバトルアニメを幼少期からおのずと見て育つので、（欧米人とは異なり）アニメといえば「そういうもの」だと思っている。そしてその認識があるかぎりにおいて、今後とも同様の作品が「自然なもの」として作られ続けていくでしょう。いわばここにあるのは、「どういうストーリーや描写を『普通』とみなすか」という、表現の再帰性の問題です。

したがって、そこには日本のマンガやアニメのフォーマット（基本的な表現技法や文法のワンセット）が、いかなる状況で成立したのか、が大きく関わってくる。実は、日本で初めて長編アニメ映画が作られたのは、戦時中のことでした。海軍省の依頼で瀬尾《せお》光世《みつよ》という監督が作った、37分間の『桃太郎の海鷲《うみわし》』（１９４３年）です。

これが好評だったため、敗戦直前の45年4月には第2弾として、74分の大作『桃太郎海の神兵』も公開されました。小学校が「国民学校」に改組され、「少国民」という用語が普通に使われた戦時下の日本とは、まさしく子供が小さな大人として、軍事教練や勤労奉仕を通じて戦争に動員された社会だったと言えるでしょう。だからこそ、子供たちに戦争の意義をアピールする格好の手段として、日本海軍までもがアニメーションに注目したのです。

そして、劇場でこの『桃太郎　海の神兵』に涙して、マンガ家・アニメ作家への第一歩を踏み出したのが、そのころ16歳だった手塚治虫でした。戦後、失われたとされたフィルムが発見されてリバイバル上映された際、手塚はパンフレットに一文を寄せて、戦意高揚の内容ではなくその技術の高さに当時心打たれたことに触れ、その意味で「この映画がどのように評価されようと、私にとっては、一生の恩人」だと述べています。

すなわち、日本では子供と大人の相違を消滅させてしまう戦時体制の時期に、アニメといえば「こういうものだ」という表現の原型が成立したからこそ、ジャパニメーションで展開される子供観は、近代西洋社会のそれとは異なるものになったのです。自身がマンガ原作者でもある大塚英志《おおつかえいじ》氏は『サブカルチャー反戦論』の中で、このことを戦時下に手塚が描いていた習作の分析から、あきらかにしています。

大塚氏が着目したのは、まだ一介のマンガ家志望者だった手塚の習作における、身体《しんたい》の描き方でした。B29の爆撃を受けても傷つくことなく「先生ッ　今のは何キロの爆弾です」と報告する少年は、マンガ世界のお約束事としての「死なない身体」を持っている【図18】。爆発で黒焦げになったり、車に轢《ひ》かれてペッタンコになったりしても、平気で生きていてすぐ元に戻る、たとえばディズニーのキャラクターとも同様ですね。

しかし機銃掃射の場面では、同じ少年が撃たれると「アッ」と叫んで血を流す【図19】。それは（旧制の）中学生として太平洋戦争下の日本に生きた手塚にとって、周囲のリアルな現実だったでしょう。だからこそ、手塚が戦後に礎を築いた日本のマンガ・

アニメ文化では、登場人物に子供たちも含めて「死にゆく身体」が与えられることになった。そこに日本のアニメの独自性の起源があるのだ、というのが、大塚氏の見解です。

このように作品を製作当時の時代背景と対照しながら分析することで、そこで当たり前のように用いられている表現が、どのような文脈の下で成立してきたのかを解明する技法を、文芸批評の用語で新歴史主義（ニュー・ヒストリシズム）と言います。「ニュー」がつく理由は、「日本でマンガが盛んになったのはね、古代の『鳥獣戯画《ちょうじゅうぎが》』以来の伝統があるからなんだよ」といったかたちで、なんでも安易に伝統の産物にしてしまう類のベタな「歴史主義」ではなく、第2章で見たように歴史自体が再帰的な存在であることを受けとめた上で、もっとまじめにやろうよという含意だと思ってください。

日本のアニメは「中国起源」？——ポストコロニアリズムで考える

実際、大塚氏は『「ジャパニメーション」はなぜ敗れるか』（大澤信亮《おおさわのぶあき》氏と共著）という別の著作で、この「日本マンガの起源は『鳥獣戯画』にある」という歴史観自体の起源を探っています。それによると、かような認識は1924年に細木原青起《ほそきばらせいき》という人の書いた『日本漫画史』に始まるらしい。

大正時代がもうすぐ終わり、やがて「暗い昭和」へと入っていくナショナリズムの時

図18●手塚治虫の
『勝利の日まで』に見る
「死なない身体」

図19●手塚の
同じ作品に見る
「死にゆく身体」

（図18、図19ともに、大塚英志・大澤信亮『「ジャパニメーション」はなぜ敗れるか』より。
『勝利の日まで』は、現在『手塚治虫漫画全集未収録作品集③』講談社にも再録）

代だからこそ、日本でマンガの文化的地位を確立するには「実は、マンガは日本の伝統なんです」というアリバイ作りが必要だった。もともとはその道具として「鳥獣戯画起源説」は、戦前のマンガ入門書を通じて普及し、広く定着した。これが大塚氏の見立てです。

歴史の再帰性に無自覚でいると、私たちはしばしば自分たちにより近い時代に存在する本当の起源を忘れて、一足とびにはるか太古まで「起源」を遡らせてしまう癖があるわけですね。実際、最近はもうひとつ重要な日本アニメの起源を、私たちが忘れてきたことが指摘されるようになりました。というのも、手塚治虫に影響を与えた海軍省の戦意高揚アニメが製作された背景には、ある中国産アニメの存在があったのです。

今日では日本がアニメ大国になったので、1943年公開の『桃太郎の海鷲』が日本初の劇場長編アニメと聞くと、同作がきっと「アジア初」だろうと考えがちですが、実は違うのです。アジアで最初の長編アニメ映画は、41年に上海で公開された『鐵扇公《てっせんこう》主《しゅ》』という作品でした。西遊記《さいゆうき》のうち火焔山《かえんざん》と牛魔王の挿話を素材にした、いわば「元祖ドラゴンボール」ですね。牛魔王を倒すべく民衆が協力して立ち上がる姿に、中国の製作者は抗日のメッセージを込めていたに違いありませんが、しかしストーリーとしてはあくまで西遊記のアニメ化なので、日本軍に見つかっても言い訳がきいたわけです。

言い訳がきくどころか、この作品は42年に『西遊記　鉄扇姫の巻』というタイトルで、日本にも輸入公開されて大ヒット【図20】。佐野《さの》明子《あきこ》氏は論文集『映画学的想像力』によせた「漫画映画の時代」という論考で、同作の存在が『桃太郎』二部作の製作にあたっても、強い誘因になったと位置づけています。当時「漫画映画」（戦前はアニメをこう呼んだ）といえば米国製、すなわち敵性文化だという認識があったために、国産のアニメはしょせん、アメリカの模倣にしかなりえないものとされていた。しかしそこに中国産のアニメが入ってきたことが刺激となって、「中国人に中国風のアニメが作れるなら、俺たち日本人だって」という話になったわけです。

　しばしば私たちは、歴史の展開をひとつの国の内側だけで考えたり、世界との関係を視野に入れる際にも、おおむね「欧米先進国（中心）の優れた技術や文化が、伝搬してきてその他の国（周縁）にも影響を与えました」というかたちで、語ってしまったりする癖があります。マンガ・アニメの歴史でいえば、前者は「鳥獣戯画起源説」、後者は「手塚治虫という天才作家が、ディズニーの技法を取り入れて……」という、よく聞くお話ですね。

　しかし現実の歴史は、決してそのように一方向的なものではない。日本よりも「遅

図20●『鐵扇公主』の日本公開時のポスター
（晏妮『戦時日中映画交渉史』岩波書店より）

れて」いて、侵略され植民地にされっぱなしだったはずの中国が、実は今日ジャパニメーションと呼ばれるような日本のアニメ文化に、決定的な刻印を残していたりする。

このように、近代世界で植民地とされた側の視点を導入して、長らくオリエンタリズム的に語られてきたいままでの歴史観や文化観を覆そうとする研究手法を、ポストコロニアリズム（脱植民地主義批評）と言います。

「世界で通用する」という場合の「世界」とは？

このポストコロニアリズムも、もともとは文芸批評の一技法だったのですが、現在では文学の分野にとどまらず、国際政治や世界経済の研究にまで広く取り入れられています。植民地化された側の視点を重視することで、たとえば進歩だと捉えられてきた欧米流の近代化が、必ずしも現地で歓迎されていなかったことがわかる。あるいは「後進国」とされてきた側が、受け身でただ強国のなすがままにされていたのではなく、みずからの抵抗や実践を通じてむしろ中心の側にも、影響を与えていたことが見えてくる。

特に、前章で見たとおり「世界」をどこかよそにある存在として捉え、かつその中心を欧米にあるものとみなして自身の価値を測ろうとする癖のある私たちにとって、ポストコロニアリズムが切り開いてくれる視界は重要です。日本のアニメが「世界で通用する」というときも、私たちは無意識のうちに、その世界を「欧米」と同一視してしまうことがありますね。これまでも、『AKIRA』がヨーロッパのミニシアターで好評を博し、宮崎駿《みやざきはやお》の『千と千尋の神隠し』（2001年）がベルリン映画祭やアカデミー賞で受賞するなど、欧米社会で受け入れられるごとに、日本アニメの「優秀さ」が語られてきました。

しかし先述のとおり、子供が「大人以上」に活躍するジャパニメーションは、西洋近代の子供観にそぐわない面があります。白石さや氏の著書『グローバル化した日本のマンガとアニメ』によれば、アメリカで日本のマンガ・アニメのファンが増えてきたといっても、その多くは18～36歳くらいのネットユーザーの男性。日本でいう「大きなお友達」ですね。つまり一部の「おたく的」な大人の男性が「変わった趣味」として愛好しているだけで、日本のように子供たちが日夜、声援を送っているわけではありません。

しかし白石氏の専門である東南アジアでは、これはまったく違うというのです。かつて、ヨーロッパでは「残酷で子供に見せられない」と批判された日本独自のマンガやアニメを、アジアの場合は最初から（日本とほぼ同様に）子供向けのコンテンツとして販売・放映している。なぜそうなるかといえば、そこにはやはり子供観の違いがあります。

やや古いデータですが、1984年に世界銀行が発表した「子供の価値」の国別比較があります【図21】。結果は一目瞭然。先進国は「家庭が明るくなる」といった精神的満足を得ることに、子供を持つ意義を感じるのに対して、多くの途上国では「経済的・

図21●「子供の価値」の国別比較（%）

（世界銀行調べ、柏木恵子『子どもという価値』中公新書より）

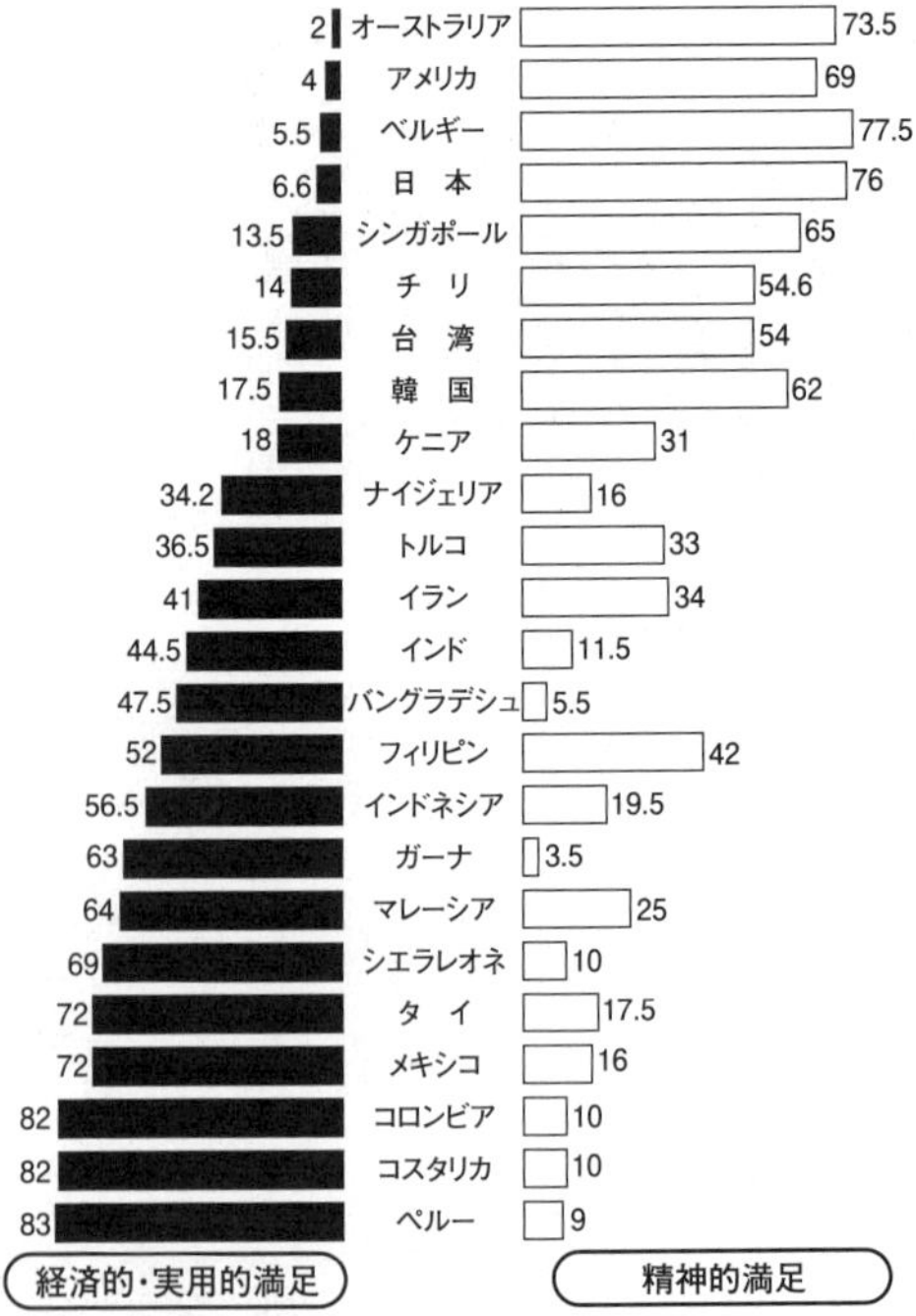

実用的満足」が優先されている。

子供が「誕生」する以前のヨーロッパと同様、労働力として、家計の稼ぎ手として、小さな大人としてのみ子供が扱われている地域が、世界にははるかに広大なものとしてあるのです。内戦や紛争で混乱し、まさしく戦時下の日本のように子供たちが「少国民」として動員された経験を持つ国も、少なくありません。

日本のアニメが「世界で通用する」というときに、そういう「周辺」(とこれまでみなされてきた)の地域を視野に入れるのなら、クールジャパンの戦略にしても、まったく違う未来図が見えてくるでしょう。いや、子供を大人とは別のものとする子供観自体が、ヨーロッパにおいてすら歴史的に新しく生まれた、きわめて限られた時代の産物だったとすれば、むしろ「小さな大人」たちの悩みや葛藤や歓《よろこ》びをアニメーションに込めてきた日本の方が、近代西洋以上に普遍的な文化を発信する「中心」でありうるかもしれない。

——その意味ではやり方しだいで、一見軽薄な流行に見えるクールジャパンにも意外に、日本という「国のかたち」を大きく変える可能性が、秘められているのかもしれません。

第8章 「物語」を信じられるか

日本史がなくなれば、日本人もいなくなる!?
――ナラトロジーで考える

ここまで、さまざまな角度から「日本」や「日本人」のなりたちを探ってきました。国籍、民族、歴史、文化など、私たちが「日本人」であることを支えていると思われる要素は、いずれも人間の認識を通じて再帰的に作られたものだった。したがって、それらは政治や経済や国際社会の動向と密接に絡まり合いながら、かたちを変えてゆきます。

そんな話ばかりを聞かされたせいで、「日本人の定義があいまいだ、というところから始まったけど、その後も日本人の輪郭がはっきりしてくるというより、ますますあいまいになってゆくだけじゃないか」と感じている人もいるでしょう。しかし逆の角度からみると、再帰的であるがゆえにその境界がたえず変動しているにもかかわらず、日本や日本人という存在自体は、最後まで消滅してはこなかった、と言い換えることもできます。

　再帰的な現象というものは、一見「本当に」存在するのかどうかがはっきりせず、あやふやではかないものに見える一方で、そのようなしたたかさも備えている。私たちが「日本（人）」という枠組みでものごとを捉え、認識し続けるかぎりにおいて、それはいつまでも存続しうるような、意外に強固な存在でもあるのです。

　この「認識し続けることによって存在し続ける」という再帰的な共同体のあり方を分析する技法として、１９８０年代以降の国民国家やナショナリズムをめぐる議論では、「物語」に注目が集まりました。すなわちここまでの本書の内容は、「私たちは、かつてこの列島上で起こったことを『日本人の物語＝日本史』として語ることによって、『日本』という共同体を日々（再）創造している」というふうに、まとめなおすこともできます。

　日本列島上に住んでいる人、は、これまでもずっと存在していたし、これからも（たぶん）存在し続けるでしょう。しかし、そこに「日本」という共同体が成立していると言えるかどうかは、人々が語る物語に依存します。たとえば、なんらかの理由で現在の日本国が「関東国」と「関西国」に分離して、それぞれの国では（日本人ではなく）「関東人」「関西人」としての国民意識を養うために、（日本史ではなく）「関東史」「関西史」を義務教育で教え続ける……といった状態を想像してください。

取り上げられる史実自体は現在の「日本史」と同じでも、鎌倉幕府や江戸幕府の成立は「関東史」では「われら関東人」の栄光の歴史として語られ、「関西史」では逆に「私たち関西人」の屈辱の体験として教えられることになったとしましょう。そのときもはたして、「日本」や「日本人」という共同体は、この列島上に存在し続けていると言えるでしょうか。

第2章で紹介した「歴史（history）は物語（story）を含む」と同様に、物語を通じて国民の共同体が再生産されてゆくプロセスを、「語ること（ナレーション、narration）の中に国民（nation）は宿る」と言ったりします。たとえばジャン＝ミシェル・フロドンというフランスの批評家が書いた『映画と国民国家』には、こんな一節があります。

顔の写真を何枚写そうとも、共同体そのものの表象、特に国民の表象を生み出すことは決してできない。イメージの自由と、表象されたものの個別性を超えた集団的な力を支えとする物語。その両者を尊重しつつクロスさせるやり方のみが、国民的スケールをもつ現象を可能にするのである。共同体は想像的なものでしかありえないとすれば、いかなる共同体であれそれを創設する想像的な力はつねに一つの「物語」であるはずだ。（22頁）

映画とは、フィルムのひとコマひとコマ自体を見れば、個別バラバラな写真（イメージ）の連続体ですよね。この段階では、その一枚一枚以上の意味内容はありません。しかし、それらを大量に集めてひと続きのものとして見せることで「物語」が生まれ、登場人物に感情移入してともに泣き笑いする人々の「共同体」が生み出される。

これはまさしく、日本史という物語の一部に位置づけられることで、それ単独では私たちの興味すら惹《ひ》かなかっただろう遺跡や出土品が「私たちの先祖が残したもの」としての意味を持ち始め、日本人というアイデンティティの基礎にさえなるのとも、同じ現象です。映画のコマを違ったかたちに編集すれば、ガラリと異なる印象を観客に与えるのと同様、過去の史実も並べ方しだいでは、現状とはまったく別の共同体を生み出しえます。

このように物語、ないし「語ること」が果たす機能や効果を分析する文学研究の手法を、ナラトロジー（物語論）と呼ぶことがあります。国家や国民を「最初からあるもの」ではなく「再帰的な存在」として把握することは、まさにナラトロジーの技法を応用して、政治や歴史の展開を捉えなおすことでもあります。

奈良・京都ばかりの古代史がなぜ「日本史」になるのか

それではナラトロジー的に見たとき、「日本」という共同体はいつごろから（再帰的に）存続してきたとみなせるのでしょうか。ここで、先ほどの「関東史・関西史」の話を思い出してください。実は、これは決して「極端なたとえ」ではないのです。

私たちはこれまで、蘇我《そが》氏と物部《もののべ》氏の抗争、聖徳太子の政治、蘇我氏を倒した大化の改新、平城京や平安京の建設……といった一連のエピソードを、「日本史」の古代の部分として習ってきましたよね。しかし、よく考えると変な気がしませんか？

当時の日本列島にだって、東北地方にも関東平野にも四国・九州にも人々は暮らしていたはずなのに、なぜか彼らのことは日本史の教科書でほとんど語られません。むしろその古代の部分で書かれているのは、「近畿史」「奈良・京都史」とでも呼ぶべき内容でしょう。しかし、私たちはそういう「日本古代史」のイメージに、なんとなく納得してしまっている。

どうしてそうなるのかといえば、日本史というものがもともと、北海道から沖縄までの「国民の物語」としてではなく、畿内地方に成立した「王朝の物語」として始まっているからなのです。東アジア思想史の研究者である小島毅《こじまつよし》氏は、『靖国史観』という興味深いメタヒストリー的なエッセイで、次のように書いています。

中国で『隋書』が楊《よう》家隋王朝の歴史、『宋史』が趙《ちょう》家宋王朝の歴史であるように、『大日本史』［水戸藩が編纂《へんさん》事業を興した歴史書。尊王攘夷《そんのうじょうい》運動を思想的に支え、明治以降の歴史意識にも影響を与えた］は日本王朝（＝天皇家）の歴史なのである。この王家が「日本」の君主であることによって、王家の歴史が国家の歴史となっている。（192頁）

『古事記』や『日本書紀』が書かれた700年代初頭には、それを目にして「ああ、これが私たちの先祖の歩みなのだ」というアイデンティティを感じたのは、社会のごく上層部、まさしく天皇家を中心とする王朝のメンバーだけだったはずです。しかしそこで作られた物語が、時代とともにより広い範囲で流通するメディアの上でも受けつがれることで、いつのまにか国民の物語にすり替わった。だから私たちはいまも、地理的に見れば「奈良・京都史」にすぎないものを、「日本史」として享受しているのです。

この物語を載せる容《い》れ物としてのメディアの役割を、国民国家の起源として重要視したのは、ベネディクト・アンダーソンという東南アジア研究者でした。彼はこの分野の基本書である『想像の共同体』で、近世ヨーロッパに登場した新聞や小説といった新しいメディアが、読者のあいだに国民意識を育んでゆく様子を、説得的に論じています。

複数の場面で同時に物語が進行する小説を通じて、人々は「いま自分がこうしているあいだにも、同じ国で生きている他の人は別のことをしているのだろうな」という感覚を身につけた。それが新聞という「一日だけのベストセラー」、しかも書かれているストーリーはすべて「事実」という（タテマエの）媒体を読む習慣と組みあわさった結果、見ず知らずの他人であっても同じ国の国民が登場する物語であれば、自分や家族のことのように共感し、感情移入できるようになっていった、というのです。

しかしながら東アジアの場合は、そのような国民大のメディアが成立する以前に、王朝を単位として「歴史」を語る伝統が始まっていたのですね。しかも、ヨーロッパでは15世紀にグーテンベルクが発明したとされる活版印刷術も、中国では宋代、つまり日本史でいうと平安時代のころから存在しています。

日本でも、江戸時代にはすでにかなり高度な出版文化が花開きましたが、そこで流通したのも『太平記』のような、天皇を主人公とする王朝の興亡史でした（たとえば同時代の事件である「忠臣蔵」は、太平記の世界観に場面設定を移して歌舞伎になりました。それくらい、ストーリーやキャラクターが民衆のあいだに定着していたということです）。その結果として、私たちの日本史認識には、いまだ歴史が「王朝の物語」だった時代の記憶が、深く埋め込まれているのです。

もっとも強力な「物語」としての戦争体験

そのような共同体を作り出す物語の力を、最大限に発動させる契機となるものが「戦争」でしょう。典型的には前章で見たように、20世紀に本格化した国民国家どうしの総力戦の下では、まさしく子供たちまでもが『鐵扇公主』なり、『桃太郎　海の神兵』なりの物語を通じて、自分が属する（とされる）共同体に動員されていったのでした。

実は同様のダイナミクスはやはり、（動員の規模としては小さいものでありつつも）より古い時代にまで遡って考えることが可能です。地理的な意味での「日本」という国家の範囲、国土のイメージは、いつごろから今日のようなかたちをとるようになったのか。日本法制史が専門の新田一郎《にったいちろう》氏は『中世に国家はあったか』で、日本地図の変遷からこの問題に迫っています。1200年代の冒頭、つまり鎌倉時代の初期に成立した地図では都《みやこ》＝京都を起点として、「そこからどうやっていくか」を線描で表現する形式がとられていました【図22】。上空から俯瞰《ふかん》するかたちで、国土を「面」として表現する私たちの考える地図とは、発想がずいぶん違いますね。

ところがこれが1300年代の頭、鎌倉時代でも終わりごろになってくると、ラフスケッチとはいえだいぶ今日の日本列島のイメージに近い、面としての地図になる。このような変化がどうして起きたかというと、そこにはやはり1274年、1281年の2

回にわたる対外戦争、すなわち元寇《げんこう》の体験があるだろうというのが、新田氏の考察です。絵画史料論の分野を開拓した黒田日出男《くろだひでお》氏の『龍の棲《す》む日本』が解明したように、日本列島を龍が取り囲んで守ってくれるというイメージの絵図が、蒙古襲来《もうこしゅうらい》を契機に作成されるようになったと推定されるのです【図23】。その結果、「ここまでがわが国、ここからは別の国」として、平面を分割するかたちでの共同体意識が生まれていった。

「戦争体験を通じて国民共同体が生まれる」というと、一般には司馬遼太郎《しばりょうたろう》が『坂の上の雲』で描いた日露戦争のような、明治以降の歴史にかぎった話だと思われがちです。しかし、近世思想史の大家である渡辺浩《わたなべひろし》氏が『近世日本社会と宋学』で紹介する数字によれば、大坂の陣の動員兵力は冬・夏あわせて50万人。うち、戦死者は夏の陣の豊臣《とよとみ》方だけで1万数千人。対して、日本にとって最初の近代戦争と言われる日清戦争では、日本側の兵力は17万人で、戦死者は1万7000人。

近代の国家間戦争と比べても見劣りしない規模での大戦争を、前近代のうちから内戦というかたちで戦っていた。逆に言うと、それを可能にするだけの動員の装置がすでにあり、その体験は終戦後の代々にまで、さまざまなメディアで語り継がれて、私たちにとっての「歴史」になってきた。だから、たとえば平和な江戸時代の将軍や老中よりも、戦国時代の細かい武将の名前の方が、今日も多くの日本人の記憶に残っているわけです。

図22●『二中歴』所載、鎌倉時代初期の地図

原図は13世紀初期の成立、京都を中心に動線を表現する形式

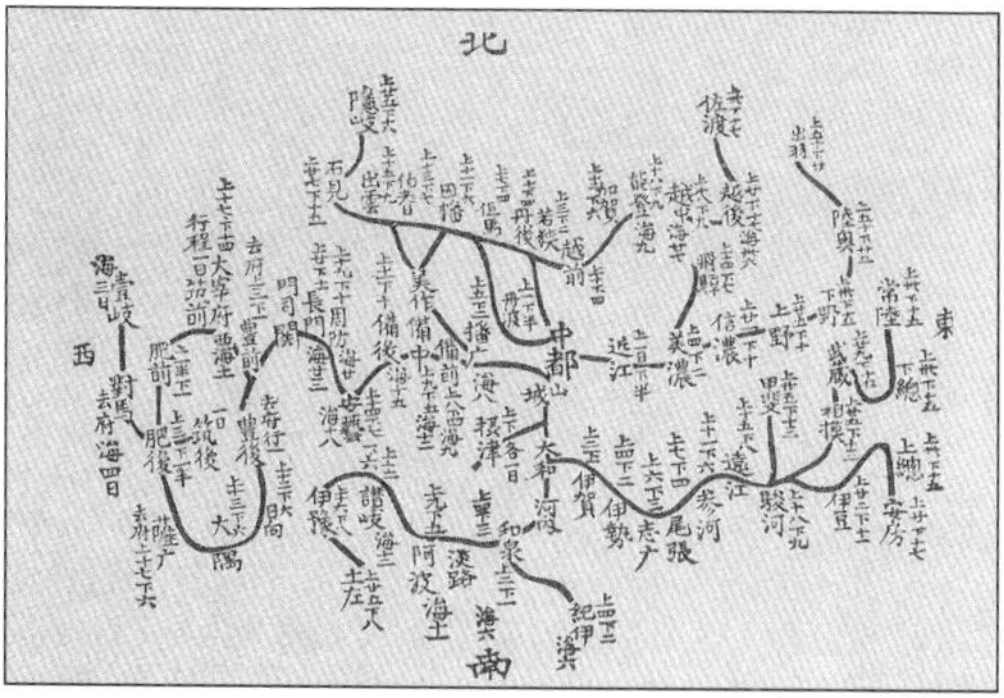

図23●蒙古襲来後の「金沢文庫日本図」

平面を境界線（龍）で分割する形式

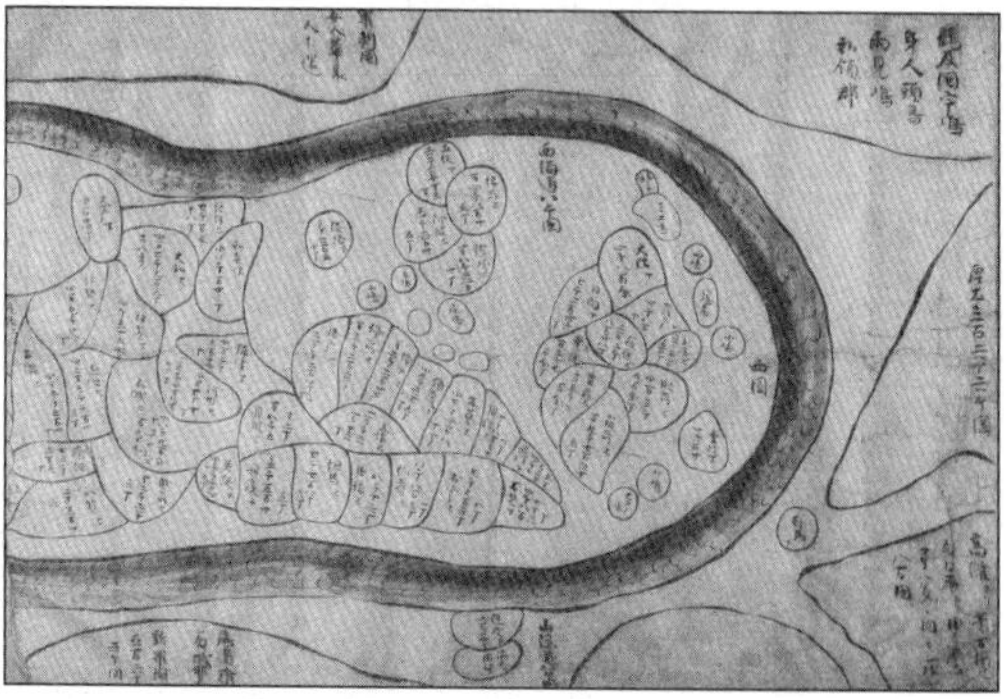

（図22、図23ともに、新田一郎『中世に国家はあったか』より）

ゴジラシリーズから、50年かけて失われたもの

日本の一般市民の頭上に焼夷弾《しょういだん》の雨が降り、子供たちまでアニメを通じて「少国民」として動員された太平洋戦争は、まさしく日本史上最大・最強の「戦争体験」でした。だからこそ敗戦後の日本人は「あの戦争」をさまざまな物語で語り続け、そのことを通じて「私たち日本人」という共同体意識を作り出してきた。

このとき、「あのような愚かな戦争をしてしまった日本人」というストーリーを語ったのが、一般には進歩派ないし左翼と呼ばれる人たちで、逆に「それでも懸命に戦いぬいた日本人」、時として「正しい戦争を戦ったわれわれ」というアイデンティティを作ろうとしてきたのが、右翼の人々ですね。ストーリーの中身は違っても、物語を通じて戦争の体験を語り継ぐことが、自分たちにとって死活的に重要だという発想自体は、広範な人々が共有していたのです。

だから日本映画の黄金時代と言われる、敗戦後から1950年代にかけての物語の語り方は「アツい」。黒澤明が47年に撮った『素晴らしき日曜日』では、貧しい暮らしの中で心が折れかけている主人公に対して、恋人役の女優が「どうかみなさんの拍手を送ってください！」と、観客に訴えるシーンが存在します。

——もっとも黒澤本人の回想によると、当時の日本の観客は照れ屋のせいかあまり拍

手せず、フランスに持っていった際の方が満場の拍手になったそうですが、とにかく「この物語なら、おまえらみんな共感できるはずだろう?」と作り手の側に思わせるような、濃密な空気が社会に共有されていた。

「戦争の記憶が薄れてゆく」とは、まさにそのような物語の語り方ができなくなる、つまり作り手と享受者のあいだに存在した共同性が、失われていくことを指しているのです。たとえば、１９５４年に第1作が公開された『ゴジラ』には、いまだ色濃く戦争体験の記憶が刻み込まれていました。上陸したゴジラの猛襲におびえる防空頭巾の親子に「お父ちゃまのところへいくのよ」というセリフがありますが、そのお父さんはきっと「戦争で死んだ」のだろうな、と、いちいち明言されなくても見る人はみな感じとれる。そのような日本人にとっての「物語の共有」を前提に、当時の映画は作られていたのです。

しかしながら当然時代が下れば、戦争体験を共有しない人が増えていきます。メディアのあり方も大きく変わりました。日本人がもっとも多く映画館に足を運んだのは１９５８年のことで、平均すると1人あたり年12回も映画を見にいったのですが、その後はテレビの普及と反比例するかたちで、映画館の観客動員数は急減してゆきます。

それでもテレビのチャンネル数が限られているうちは、第4章で見た『ウルトラマン』のような国民的番組、すなわち「いま、同じ国の人みんながこれを見て、同じように興奮しているんだろうな」と思わせる物語がいくつもあったのですが、ビデオが登場するとそれも崩れます。日本では、ビデオデッキは80年代の10年間だけで数パーセントから7割へという急速な普及をみたのですが、こうなると隣の人が「自分と同じもの」を見ているだろうとは、誰にも想定できません。さらにその後、衛星放送やケーブルテレビ、インターネットのユーチューブ、ニコニコ動画……となってくると、ますます「国民全員がいまこの瞬間、共有しているアツい物語がある！」などとは、思いにくくなってきます。

結果として、現時点〔2013年当時〕で最後のゴジラシリーズである2004年公開の『GODZILLA FINAL WARS』からは、初代ゴジラのような〔戦争体験を共有した〕「日本人だから」わかるはず、という要素が姿を消しました〔16年の『シン・ゴジラ』については、「解説にかえて」参照〕。そもそもタイトルからして、邦画なのか洋画なのかもわかりませんよね。

CGを駆使して描かれるゴジラは、昔の着ぐるみよりもリアルといえばリアルなのですが、それがどこか嘘臭《うそくさ》く見えるように撮られている。怪獣たちとのバトルが、テレビゲームの画面のようにしか感じられないのです。

「大きな物語」が終わり、「すべての再帰性」が前面に出る時代

この「社会に共同性を作り出すような力が、物語から失われた状態」を指して、フラ

ンスの哲学者リオタールは「大きな物語の終焉《しゅうえん》」と呼びました。だとすれば、たとえば戦争のためにナショナリズムの物語を熱く語ることで、強力な国民統合を達成してきた近代国家のあり方も、変容していかざるをえないはずです。リオタールは１９７９年に書いた『ポスト・モダンの条件』でそのことを指摘し、これからは近代の後（post）に来る時代ともいうべき「ポストモダン社会」になると予言したのです。

ポストモダンとは、もともと建築批評などで「近代的な機能性や様式美とは、あえて異なる意匠」を用いた作風を指す用語だったのですが、それを狭義の芸術評論の外部に応用したのですね。つまり『ゴジラ』の段階（＝近代）では「マジ」に核戦争の脅威を語っていたのが、『ＧＯＤＺＩＬＬＡ　ＦＩＮＡＬ　ＷＡＲＳ』の時代（＝ポスト近代）になると、もはや旧作品のパロディとしてしか、物語を語れなくなっている。それと同じようなことが、現実の世界でも起こっているのではないか、という問題提起をしたわけです。

たとえば近代に普及した資本主義や社会主義や民主主義は、「経済は無限に成長し誰もが豊かになる」「前衛党の指導で階級なき社会を実現する」「みんなで話しあえば最後はわかりあえる」といった物語を語ることで、人々の支持を集めてきました。しかし、いまやそんな話を真顔で喋《しゃべ》ったら、アツいどころか「イタい人」だと思われてしまいますよね。結果として人々はあたかもパロディ映画の原典に対する態度と同様、万事につけてシニカルな姿勢を示すようになる。照れ隠しのためにつける顔文字のように、「……なーんちゃって、テヘッ」と添えないと、自分の価値観を語れなくなるのです。

リオタールがこの概念を打ち出した1979年は、まさに近代には信じられてきた物語が、その信頼性を失いつつある時代でした。イギリスではサッチャー政権が新自由主義という、資本主義下での「格差拡大」を前提とした経済政策を始め、一方でソビエト連邦はアフガニスタンに侵攻し、社会主義もまた「帝国主義」でしかないことを示しました。イランではイスラーム復興を掲げた革命が成功し、あたかも前近代の宗教社会に逆戻りするかのような動きが生じていました。

第6章で紹介したサイードが、これまで西洋人が描いてきた東洋像は「オリエンタリズム」だと告発したのも、実は前年の78年。――いわば、すべての物語が再帰的な存在にすぎなかったことが、その姿を現しつつあったのです。

第9章 「人間」の範囲はどこまでか

再帰的であるということは、「価値がない」ことを意味しない

本書では「日本人とはなにか」という問いの答えを見つけるために、ここまで8つの章にわたって「国籍」「民族」「文化」「歴史」「物語」……など、さまざまな角度から考えてきました。しかしどの切り口を使って考えても、その輪郭はたえず揺れ動いて安定してくれません。むしろ、都合のいいときだけ「沖縄人」を取り込んだり（第4章）、逆に「朝鮮人・台湾人」は追い出したりして（第2章）、「日本人」だなんていうのはずいぶん虫のいい、インチキな概念なんじゃないの？　と感じる人が出ても、おかしくはありません。

実際、そういう主張をする大学の先生もいます。つまり日本人などは、しょせん再帰的に作られた（＝「初めから」存在するわけではない）現象なんだし、しかも今日では

「大きな物語」の終焉によって、その枠組みは自明のものではなくなっている。だから、国民国家を単位とするナショナリズムの時代は、もう終わったのだ。これからの私たちはグローバル化する世界の下で、「人類共同体」の一員として生きるべきなのである――といった話を、授業で聞かされたという人もいるでしょう。

しかしここまでの本書の考察は、そういった考え方もまた、正しくないことを示しています。そもそも社会学的に考えれば、この世界の事象のほとんどは再帰的なのですから、存在の根拠があやふやなのは「日本」や「日本人」に限られたことではありませんし、またある事象が「再帰的にしか存在しない」ことは、それに価値がないということを意味しません。第7章でも見たとおり、大人と区別される意味での子供もまた、歴史上のある時点で成立した認識に基づく再帰的な存在ですが、だからといって「もう子供には価値がない」「児童労働を復活させよう」などとは、誰も考えないでしょう。

そして「日本人」の共同体なるものが、結局は再帰的なかたちでしか存続しえないのと同様に、実は「人類」の共同体と呼ばれるものもまた、再帰的な存在にすぎないのです。「そんな馬鹿な。『日本人』はいろいろな人たちを外部に排除しているが、『人類』はあらゆる人間を網羅しているのだから違う」と思ったら、よく考えてみてください。日本人の輪郭があいまいだとして、それでは「人間」はどうでしょうか？

「人類共同体」を揺るがすサイボーグたち

たとえば「サイボーグ・フェミニズム」というユニークな主張で知られる女性の思想家に、ダナ・ハラウェイという人がいます。彼女の主著『猿と女とサイボーグ』のタイトルには、まさにこの「人間」という概念の輪郭を揺るがす３つの存在が並べられています。

人間は類人猿を自分たちから区別することで、文明への道のりを歩んできたとされますが、その社会では長いあいだ、女性は（不当にも）「二流の人間」として扱われてきましたよね。つまり人間と「人間以外」との境界は、決して自然なものではなく、技術や権力のあり方に応じてつねに引き直されてきた。だとすればサイボーグの登場は、再度「人間」の定義を揺るがすだろうし、逆にその範囲を人工的にしか定められないのなら、むしろ人間自体がもはやサイボーグ化していると言うべきなのかもしれない。

これは、多くのＳＦ作品がテーマにしてきたことでした。フィリップ・Ｋ・ディックの原作による『ブレードランナー』（１９８２年）から、攻殻《こうかく》機《き》動隊《どうたい》シリーズの一部をなす『イノセンス』（２００４年）まで、適切な物語さえ添えられるのであれば、私たちは登場するサイボーグに感情移入して、泣くことができることを知っています。つまり、第８章でみた「物語が共同体意識を育む」しくみは、「人類共同体」にもあてはま

図24●人体通信ケータイの概念図
（高橋透『サイボーグ・フィロソフィー』より）

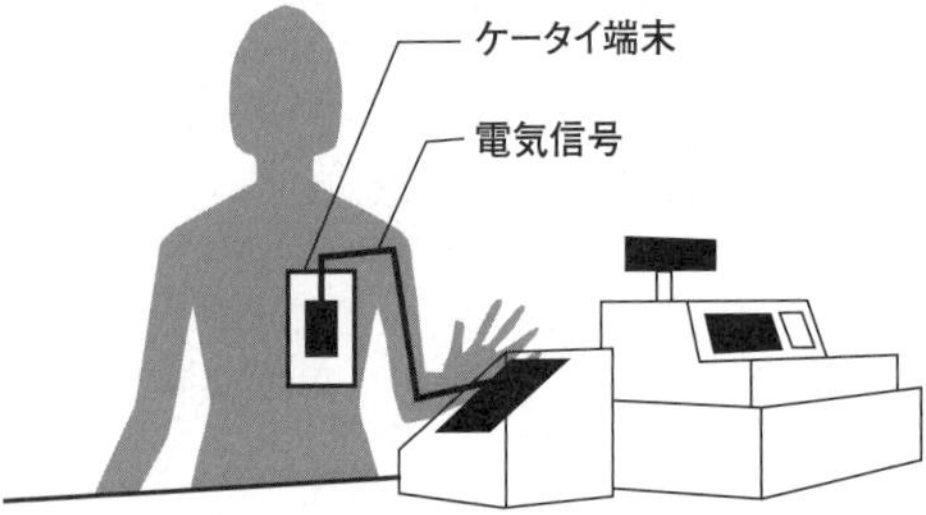

手を触れるだけでデータ通信（決済処理）を可能にするシステム

る。

そんなのは、起きるとしても遠い未来の話だ、と思ったでしょうか。しかし高橋《たかはし》透《とおる》氏は『サイボーグ・フィロソフィー』で、現実に人間とサイボーグ（機械）の境界を揺るがすような技術の進歩が、すでに起こっている事例をいくつも紹介しています。

たとえば人体通信ケータイという、微弱な電気信号を人間の身体を通じて流すことで、いちいちポケットから出さなくても「お財布ケータイ」を使えるしくみの研究【図24】。このとき、どこまでが私たち人間の身体で、どこからが機械だと、はたして分けられるのでしょうか。「そんな技術は別にいらない。だから大した問題じゃない」と感じた人は、病気のためにペースメーカーを体内に埋め込んで生活している人のことを、考えてみてください。

一見われわれ人間に最初から備わっているようにみえる「身体」ですら、どこに機械との境界を設けるかは、私たちの技術や認識しだいで再帰的に決まる（したがって、人類共同体とサイボーグ共同体の境界もまた、再帰的にしか決まらない）。こういった問題を考える身体論の領域を切り開いたメルロ＝ポンティという哲学者は、人間の身体が再帰的な存在であることを示す事例として「幻影肢」を挙げました。事故などで腕や足を切断して失った人が、もうないはずの手足が「痛い」「痒《かゆ》い」と訴える現象です。

これを外科的に治そうとすると、手足の切断面に麻酔をかけてもだめで、脳幹レベルの手術が必要になるという。しかし「では、その痛む手足は切除する手術をします」というふうに、患者さんの認識している身体に訴えかけて、本人が（物理的にはすでにない）手足を認識上でも切断することに合意すると、その時点で痛みが消えるのだそうです。

ポンティの場合は、このように私たちの身体が「認識やその使い方を通じて作り上げられたもので（も）あること」を、身体の可塑性《かそ》（＝働きかけに応じて形を変えられること）として、積極的に評価しようとしていたようです。しかし見方によっては、ちょっと怖いことのような気もしますよね。人間にとって絶対に確からしい存在であるはずの自分の身体さえ、実は「これがあなたの身体だ」という認識を通じて作り上げられ、私たちはそのように認識させ、、、られ、、た枠組みの、内側に閉じ込められて生きている……。

「神は再帰的だ」と喝破したニーチェ——ポストモダニズムで考える

第1章で述べたように、近代とは私たちが再帰性を「現状改変的」に利用することで、前近代の伝統社会とは異なり、日々新たな未来を切り開くことができるようになった時代のはずでした。しかし同じことを裏返せば、私たちは近代に入って前近代より進歩したつもりでいるけれど、結局この再帰性のループの外側に出ることは不可能なままだという点では、まったく大したことなどできていないのではないか。

このようなかたちで、(特に西洋の)「近代」の価値に疑いを突きつける一連の思想を、ポストモダニズムと言います。前章の末尾で触れた、「ポストモダン社会」を準備した思想とも言えるでしょう。

ポストモダニズムの起源と呼ばれる哲学者が19世紀の後半、日本でいうと明治時代の前半ごろにドイツで活躍したフリードリヒ・ニーチェです。「神は死んだ」という有名な格言は、多くの人が耳にしたことがあるでしょう。実は、神は死んだとはすなわち、「神もまた再帰的な存在にすぎない(ことを私たちは知ってしまった)」という意味なのです。

なにか不幸な体験をしたとき、それを「最近、俺は調子に乗りすぎていたから、神さまの罰が当たったんだ」と認識するかぎりで、神は再帰的なかたちで存在します。なぜ私たちの社会は、神なる存在を再帰的に作り出してきたのか。それは「悪いことをすると、神さまの罰が当たるよ」ということにしておけば、社会の秩序を維持するのに便利だからですよね。だとすれば、本来は神こそが人間にとっての手段、道具にすぎません。

しかし人間は愚かにも、自分たちが道具として再帰的に作り出したにすぎない存在を、あたかも本当の実在物のように崇《あが》め、自分が作り出した当のものによって支配されている。なんとみじめなことか。ニーチェは『道徳の系譜学』で、こう痛罵します。

> 人間の意志は、一つの理想――「聖なる神」という理想だ――を確立しておいて、その理想の前では自分が絶対に無価値な存在であることをどこまでも確実なものとしようとする。おお、なんと悲しげで狂った動物だろうか、この人間というものは！(174頁、傍点原文)

「人間の終焉」を予言したフーコー

うん？　それなら近代に入って、人々は昔よりも神さまを信じなくなったのだから、やっぱり人間は進歩しているじゃないか。「いや、そうではない」と批判するかたちで、このニーチェの問いを発展させたのが、第二次大戦後にフランスの哲学界をリードした、ミシェル・フーコーという思想家でした。フーコーはむしろ、近代の西洋人は「人間」を神の座に祀《まつ》り上げることで、実質的に同じことをやっていると主張した。神が再帰的な存在であったのと同様、人間もまた再帰的な存在にすぎない、とフーコーは考えたのです。

近代に成立した各種の科学や学問は、「人間とは本来こういうものだ」という前提を設けたり、なんらかの「人間性」が存在すると仮定した上で、その内実を解明したりしようとします。経済学であれば「人間は自分の利益を最大化しようとする動物だ」、哲学なら「人間には普遍的な理性が備わっている」、心理学では「人間はこのような状況でいかなる感じ方をするのか」などなど。

しかしこれらはすべて、「人間一般」なるものが最初からあるのだという認識に（根拠なく）立った上で、その認識に沿うようにデータを解釈し、結果としてその解釈にしたがった「現実」を作り出しているだけではないのか。だとすれば、そもそも「人間」を探求しようなどという発想自体を放棄してしまえば、人間なる再帰的な存在自体もまた、ニーチェが殺した神のように雲散霧消するはずです。

実際に１９６６年の主著『言葉と物』の末尾で、フーコーはそう予言しました。

比較的短期間の時間継起《クロノロジー》と地理的に限られた截断面《さいだんめん》――すなわち、十六世紀以後のヨーロッパ文化――をとりあげることによってさえ、人間がそこでは最近の発見であるという確信を人々はいだくことができるにちがいない。……人間は、われわれの思考の考古学によってその日付けの新しさが容易に示されるような発明にすぎぬ。そしておそらくその終焉は間近いのだ。（409頁）

2年後の1968年、世界中に学生の反乱が広がるなかで、フーコーの書物は彼らのバイブルになりました。この年、フランスの五月革命では学生たちが資本主義に反抗し、一方でチェコスロヴァキアではプラハの春というかたちで、むしろ社会主義体制に抵抗する市民運動が起きました。資本主義にせよ社会主義にせよ、人間を解放し豊かにするなどと自称してはいるが、そんなものはしょせん物語にすぎないじゃないか。嘘っぱちはもうやめてくれ――。そういう空気が、ポストモダニズムを主流に押し上げたのです。

フーコーはもともと精神医学の歴史、つまり学問によって「おまえは狂人だ＝『普通の人間』ではない」として烙印《らくいん》を押すという実践が、どのように始まったのかを研究した人でした。また本人が同性愛者、つまり「あなたの欲求は『人間として自然な欲望』（異性愛）とは違う」というレッテルを貼られがちな存在だったことが、研究に反映したという見方もあります。

私たちは人間性を尊重すると言いながら、その実、再帰的に作り上げた「人間」のイメージに合致する人々だけを依怙贔屓《えこひいき》し、それ以外の人たちを「人間らしくない」として貶《おとし》めていないか、というのが、フーコーのモチーフだったのですね。

なにが「人間らしい」行為なのかを、決められなくなった私たち

どこまでが人間という存在で、どこからが違うのかがわからない。なにが私たちのなすべき「人間らしい」行為で、なにがそうではないのかを決められない。ポストモダニズムが予言したそんな状況は、実はサイボーグの出現を待たずして、すでに私たちの目の前にあります。たとえば脳死問題は、その典型でしょう。

「脳死は人の死か」とは、脳は反応していないが心臓は動いている状態の身体を、生きている「人間」とみなすのか、もはや生命を失った「物体（死体）」として扱うのかをめぐる問題です。後者の立場をとれば、脳死患者の身体から臓器を取り出して移植する手術を行うことで、他の人々の命を助けることができる。

つまり臓器移植を可能にするくらい科学や医療技術が進歩したために、私たちはみずからの手で「どこまでが生きた人間で、どこからがそうでないか」を、線引きしなくてはいけなくなった。まさしく、人間や生命の概念を再帰的に定義しなくてはいけなくなったというのが、脳死問題の本質です。

このとき、たとえば「科学技術の発展はすばらしいことだ。脳死を『人の死』と認めることで、臓器移植をどんどんやりやすくするのが、人類の知性にとっての進歩だ」というような「大きな物語」が機能するなら、結論は簡単に決まるでしょう。しかし、いまの私たちは、そうではありません。

むしろ最近は長期脳死といって、脳死状態になってもかなり長いあいだ、心臓が動き続ける事例があることがわかってきました。だとしたら、そういう状態の患者さんを人間の範疇《はんちゅう》から外して死体と同様に扱うことは、殺人であり暴力ではないのでしょうか。そういう反論が、当然ありえます。

したがって脳死や臓器移植に関する規定に、世界共通の「標準」はありません。日本では2009年に臓器移植法（最初の制定は1997年）が改正されて、脳死を一律に「人の死」とみなすことになりました。当時の新聞を読むと、臓器移植を受けられずに子供を亡くして、この改正を実現するために署名を集めてきた親御さんの記事と、何年も「脳死に近い状態」で人工呼吸器につながれて生きる子供を抱えていて、その子に死亡宣告をするような改正を悲しむご両親の談話とが、同じ紙面に載っています【図25】。

はたして、どちらに共感することが「人間的」な行為でしょうか。迷いなく決められるという人は、多くないでしょう。しかしいまや私たちは、法律の制定によって「再帰的に人の死を定義する」というかたちで、どちらかを選ばなければならないのです。

図25●臓器移植法改正へのふたつの反応

（『朝日新聞』2009年7月13日夕刊）

子の命は 親心明暗

「脳死は人の死」成立

息子の死「意味あった」

「脳死は人の死」を前提に、15歳未満の臓器提供に道を開く臓器移植法改正A案が13日午後、参院で可決された。法制定から約12年。年齢制限の撤廃を強く求めてきた家族や支援者が胸をなで下ろす一方、脳死に近い状態が続く子どもの家族らは肩を落とし、明暗が分かれた。＝1面参照

横浜市の中沢奈美枝さん(34)は13日午後、参議院で臓器移植法のA案が可決され、成立した瞬間、参議院の傍聴席で、感極まった様子でハンカチで涙をぬぐった。夫、啓一郎さん(37)はその背中にそっと手をあて、涙を浮かべた。

現行法には施行3年後の見直し規定があるのに法改正に12年かかった。その間に、長男、聡太郎ちゃん(1)ら多数の子どもたちが、国内で移植が受けられずに亡くなった。

心の中で謝った。「聡ちゃんたち、ごめんね。法改正がこんなに遅くなって……」

重い心臓病で移植が必要だった聡太郎ちゃんは昨年12月に亡くなった。米国での移植を決めて渡航した直後だった。

米国の病院の医師から「どうして日本人の子はいつも、こんなに状態が悪くなってから来るのか」と聞かれた。必要な医療費約2億円が募金で集まるまで来られなかったと説明すると、驚かれた。

渡航移植を決めるまで、夫妻で何カ月も迷った。米国人患者の枠が一つ減る、募金額が息子の命の値段にならないか……。日本移植学会の市民公開講座で、心臓移植を受けて元気に走り回る子をみて、決心した。「聡太郎の病気が治る可能性に賭けたい」

肌身離さずつけている銀のネックレスに通した、しずく形の容器には、聡太郎ちゃんの遺灰が入っている。

米国の火葬場で遺灰を受け取った時のことが忘れられない。ポリ袋に入れられて、無造作に手渡された。

帰国後、「私たちの体験を繰り返して欲しくない」と強く思った。15歳未満の子どもの臓器提供を認めるような移植法の改正を求める活動を始めた。街頭で署名を集め、国会議員に陳情した。

「A案が成立しても聡太郎は帰ってこない。でも、これ以上、同じ悲劇を続けて欲しくなかった。聡太郎の死にも大きな意味があると感じました」

（大岩ゆり）

子どもも臓器提供者になれるような法改正を求めて署名活動をする中沢奈美枝さん夫妻（右2人）＝3月20日、JR横浜駅前

「娘、死亡宣告されたよう」

生後2カ月から「脳死に近い状態」にあるという東京都の遙《はるか》ちゃん(2)の父(43)は、13日午後、自宅でインターネット中継で採決の様子を見守った。

A案の可決、成立という結果に、「生きている娘が死亡宣告されたように感じる」と落胆した。「娘は脳死判定を受けていないが、『意識もない子を生かしておくのはかわいそう』『臓器提供して他の子を助けてあげればいい』という雰囲気が世の中で強くなっていくと思う。それがこわい」

07年5月に生まれた遙ちゃんは、13番目の染色体が1本多い「13トリソミー」を患う。このため、唇や上あごが形成されていない「口唇口蓋裂」と、心臓の左右の心室を隔てる壁に穴がある「心室中隔欠損」という重い障害とともに生まれた。

生後2カ月の時、ミルクをのどにつまらせ、心肺停止で病院に運ばれた。脳死判定は受けていないので脳死状態かは分からない。ただ、医師らは「脳細胞のほとんどが死んでいる。回復は望めない」と告げられた。

それでも心臓は動き続けた。08年4月に退院して自宅に戻った。窓から柔らかな光が差し込む居間に置かれたベビーベッドの上で、遙ちゃんは人工呼吸器と栄養補給のチューブをつけて眠る。

出生時に2529グラムだった体重は、8・9キロ、身長も26センチ伸びて75センチになった。髪は伸びて飾りのついたゴムで結べる。小さな歯も上下で13本生えた。おでこや足をなでられると、体を伸ばし唇を少し開く。医師は「反射」というが、両親には「気持ちいい」という意思表示に見える。

臓器移植をしなければ生きられない人を助けたいとは思う。しかし、小児救急体制の充実やドナーカードの普及、過去の事例の検証結果の公表など、両親は「改正の前にやるべきことはたくさんあったはず」と指摘する。

（南宏美）

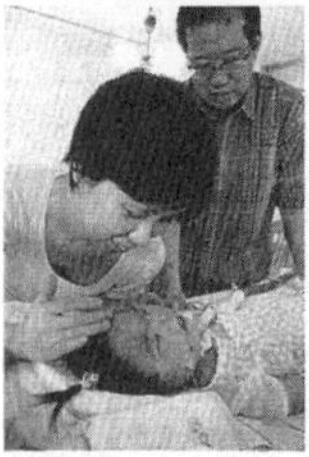

生後2カ月で脳死に近い状態になった遙ちゃん(2)＝7月11日、東京都内

「選ばなければならない」という新しい不自由

このように考えてくると、再帰的であるがゆえにその輪郭があいまいであり、定義しだいで人々を排除したり傷つけたりしてしまうのは「日本人」に固有の問題ではなく、その範囲を「人間」にまで拡張しても、簡単には決着がつかないことがわかります。「日本人とはなにか」という問題は、「人間は再帰的にしかその定義を出しえない」という、もうひと回り大きな問題の一部だったのですね。そしてこの後者の問題を生み出したのは、ひとつにはたとえば医療のような科学技術の発展であり、もうひとつにはすべてが「再帰的」であることに気づいてしまったという、私たちの認識の深化にほかなりません。

実は現代の世界で「解決困難な問題」と呼ばれるものは、すべてこのかたちをしています。たとえば、環境問題。私たちは工業化の進展に伴って、大量の二酸化炭素ガスを大気中に放出し、それによって地球の気温を上げてしまうことすら可能になった（と、いうふうに、認識されています）。だとすると、私たちはいかなる環境の下でこれから暮らしていくのかを、私たち自身の手で選ばなくてはいけません。

あるいは、日本の場合は2011年の東日本大震災を機にクローズアップされた、防災と災害復旧の問題。私たちの科学力が低く、地震や台風の際にもそれこそ「神さまの罰だと思って、許しを乞う」ことしかできなかった時代には、はっきりいえば諦めるしかなかったでしょう。科学の進歩のおかげで、私たちはいまや、あらかじめ堤防やライフラインを整備し、いざというときの被害を人為的に減らすことができます。

しかしそのかわり自然災害が起きるごとに、「あのときあれをやっていれば（やっていなければ）、もっと多くの人を救えたのに」と悩まなければいけない。発生する被害の質や量が再帰的に決まることを、知ってしまったからです。

たとえば原子力発電所を作っていなければ、地震が起きても原発事故は起きません。でも、核エネルギーを使って潤沢な電力を得ていなかったら、むしろ別のところで災害への備えが弱いものになっていたかもしれない——。これでは考えれば考えるほど、なにが正しい答えなのか、私たちにはわからなくなってしまいます。

近代には「この世界が再帰的であること」を知ることは、伝統からわれわれを解放してくれる喜びに満ちた体験でした。しかしポスト近代のいま、私たちはむしろ「すべてが再帰的であり、すなわち私たち自身の責任であること」を知って、苦しんでいる。

このような状態を、社会学では「後期近代」（晩期近代、late modernity）と呼ぶことがあります。近代が「終わった」（＝ポスト近代になった）というよりも、あらゆることが再帰的に決められ、変えられるという近代の特徴が「より徹底してきた」というニュアンスです。

第2章でも引用した宮台真司氏は、『絶望 断念 福音 映画』という評論集で、前近代、近代、後期（ないしポスト）近代の3つの社会の相違を、それぞれの時代に人々を悩ませる「不自由さ」のかたちの違いとして、巧みに表現しています。

> 社会学者は不自由には三種類あると考えます。第一は端的な選択肢の不在。昔の人はテレビを知らないという意味で今より不自由ですが、当事者はそんな選択肢を考えたこともないから、主観的な不自由感はない。第二は選択肢の制約。お金さえあれば臓器移植ができて子供が助かるのに、という反実仮想をする人は、選択肢は意識されているのに選ぶことが外的に制約されるという意味で、不自由な状況にいます。このとき当事者は主観的な不自由感を抱かざるを得ません。第三は選択肢の過剰。（10頁）

「伝統」以外の選択肢の少なさに悩まされた前近代の状態を脱して、私たちは近代のあいだ、「実現可能な選択肢」を増やすことが進歩だと考えて、あらゆる事象を再帰的に作り出し、変化させてきました。日本という国家や日本人という存在、あるいは人間性という考え方も、その一環として育まれてきた。

しかし私たちはいまや増えすぎた選択肢、すなわち実現したのとは「異なるかたちでの再帰性」を選ぶ道もあったのではないかという問いかけの前に、次の一手を決めかねたまま、立ちどまらざるをえなくなっているのです。

第10章　「正義」は定義できるか

意識しなくても私たちはなにかを「選択」している

あらゆることが私たち自身の「選択の結果」であることに気づいてしまった現在の社会では、いったいなにを基準にその選択をすればよいのかが、かえってわからなくなってしまうのでした。ものごとを決定するときの基準は、しばしば「正義」と呼ばれますが、いまや私たちはいかなる正義を選ぶのかを、自分たちで決めなくてはならない。

いや、実はなにもしないでいても、私たちはすでになにかを「選んだこと」になっているのです。たとえば法哲学者の小林和之《こばやしかずゆき》氏は『「おろかもの」の正義論』の中で、読者にこんな想定問答を出しています。

あなたがこの国の指導者だったとする。ある夜枕元に魔神が現れてこう言ったとする。「お前が毎年一〇〇〇人の国民の命を差し出すと約束すれば、国を繁栄させ、すべての国民が豊かな暮らしをできるようにしてやろう」。あなたは約束に応じるだろうか（問題を単純化するために、魔神は必ず約束を守るということにする）。

（115頁）

そんな奇妙奇天烈《きみょうきてれつ》な、と思ったでしょうか。しかし小林氏の伝えたいことは、実際には私たちはすでに、このような取引をしている、ということなのです。

現在の日本で交通事故で亡くなる人の数は、年間4000人台（当時。その後やや減少し、2017年は約3700名）。自動車の利用を禁止するなり、そこまでいかなくても「時速30キロ以上のスピードを出せなくする装置」の搭載を義務づけるなりすれば、うち1000人以上の命を救えることは、確実でしょう。そもそも事故自体が減るし、時速30キロの運動エネルギーは60キロの場合の4分の1なので、怪我《けが》の程度も下がるはずだと、小林氏は指摘します。

しかし、私たちは現に（いまのところ）それをしていない。つまり、高速の自動車を用いた移動や物流の利便性がもたらしてくれる「国の繁栄」の方を、「毎年一〇〇〇人の国民の命」よりも優先するという決定を、私たちは無意識のうちに選択していたのです。

近代西洋が選んだ「自己決定」と「功利主義」
――思想史で考える

　小林氏はこの問題を、「こういうふうに聞かれたら、『まさか。魔神に生《い》け贄《にえ》を捧《ささ》げる国家なんてありえない』と思うでしょう。でもね」という文脈で出しています。しかし私が驚いたのは、授業の場で実際に聞いてみると「約束に応じます」と答える学生が、意外に多いことでした。気の利いた学生になると、「……その国の総人口は何人ですか」などと聞いてきます。年に１０００人の犠牲があっても、それによって幸福になれる人数がもっと多いなら、かまわないという趣旨でしょう。

「なんて非人間的な連中だ」と憤られたでしょうか。正直に言えば、私も最初はそう思いました。しかし前章で見たように、なにが人間的でなにが非人間的なのか自体もまた、今日の社会では再帰的にしか決まらない。実のところ、彼らはそのことに薄々気づいているからこそ、「ならしょうがない、選択しだいで生け贄もありだ」と感じたのかもしれません。

　実は、かような彼らの選択は、西洋社会が近代の出発にあたって下した決定に沿ったものだとも言えるのです。日本の戦国時代に相当する16世紀（１５００年代）は、西洋史でいう大航海時代。この時期、アメリカで掘り出した新大陸銀をアジアへ運び、高価な物産と交換する東西交易を活性化させたことが、ヨーロッパに近代社会をもたらしました。

人々がみんな、この世界は自分が暮らす地域よりはるかに広く、やり方しだいでこれまでにない莫大《ばくだい》な富を得られることに気づいてしまった。まさしくいま「これからはグローバル化の時代だ！」と日本で言われているのと、同じ現象が起こったわけですね。

こうなるとそれまでの伝統社会のように、「既存のルールにしたがって、現状を維持するためだけに再帰性を使って暮らしていこう」と言っても、ほとんどの人は納得しなくなる。そこで生まれたのがトマス・ホッブズの『リヴァイアサン』（１６５１年）に始まる、社会契約論という思想でした。「万人の万人に対する闘争」という有名な一節を、世界史や倫理の授業で習った人も多いはずです。

つまり、人間とは放っておけば自分の私利私欲ばかりを追求し、他人の生命や財産を奪うことも辞さない野獣のような存在なのだから、再帰的に社会のルールを設定しないかぎり、秩序は崩壊してしまうというのがホッブズの考え方です。だから、自分の判断で、守るべき社会のルール（契約）を設定し、「これは自分たちで決めたことなのだから、（最初からあった自然な秩序ではないけれども）守りましょうね」というかたちで、秩序は作り出すしかない。これが近代西洋で社会のモラルを支えてきた、自己決定の原則です。

その後の西洋の思想史は、いわば「では、そのルールの内容はどんなものにするのか」をめぐる論争の歴史だったと言っても、過言ではありません。その中で、かなり広範な支持を集める解答を出したのが、ジェレミー・ベンサムやジョン・スチュワート・ミルといった英国の思想家が1800年ごろから編み出してきた「功利主義」という考え方でした。こちらは「最大多数の最大幸福」という言い方で、習った記憶があるはずです。

「社会のルールは自分で決める」と、「もっとも総量の大きな幸せを、可能なかぎり多くの人に」。この自己決定と功利主義の組み合わせが、近代の西洋社会が（再帰的に）設定した正義の基本線でした。だとすれば、「十分に多くの国民が豊かになるなら、選択しだいで生け贄もありだ」という学生の判断は、必ずしも無知蒙昧《もうまい》と笑えるものではありません。

臓器移植のための「公正な殺人」はありえるか？
――倫理学で考える

しかし前章でみたとおり、いまやそのような「西洋の近代社会で行われた選択」自体を、もう一度疑いなおさなくてはならない時代です。第8章の用語で言えば「自己決定と功利主義の二大原理によって、公正な分配を実現できる」という考え方自体が、絶対不変の「本当の正義」などではなく、一時信じられた「大きな物語」にすぎません。

一見合理的だと考えられてきた功利主義の欠陥を、もっとも衝撃的なかたちで示したのは、ジョン・ハリスという学者が1975年の論文で提案した「生存くじ（survival lottery）」という思考実験でした。現在は臓器移植の技術があるのだから、ひとりの健康な人間の生命を奪っても、その臓器を移植することで10人の患者の命を救うことができる。「最大多数の最大幸福」という考え方にしたがえば、それは正義にかなったことになるはずです。

だとすれば、あとは「殺される1名」の選び方を、フェアなものにすればよい。つまり定期的にくじ引きをして、当たった（外れた？）人に犠牲になって死んでいただき、その臓器をみんなで分けあう制度こそ、功利主義が求める理想だということになります。

そんなのは暴論だ、と思われるでしょうか。あるいは「いや、その考え方は殺される人の『自己決定権』を侵害しているからダメだ」という反論も、あるかもしれない。でも、だったら強制加入の国の制度ではなく、自分からルールに合意した人だけが参加する民間の保険会社の契約としてなら、「生存くじ生保」を認めてもいいのでしょうか。

さらに言えば、自己決定を正義の原理として尊重するのであれば、本人が自分の意思で「お金のために臓器を売る」行為も、認めなければいけません。体内に複数ある臓器であれば、片方を他人に譲渡しても生きていけるものがありますから。しかしそういう話を聞くと、私たちはどこか嫌な気持ちがしますよね。実際、生存くじ制度が実現していないのはもちろんのこと、臓器売買もまた、ほとんどの国では違法です。

このように、ふだん私たちがなんとなく「正しい」とものごとを判定している際の判断基準を抽出して、それが「本当に正しい」と言えるのかを、具体的な事例や思考実験に照らしながら理詰めで考察する学問を、倫理学（特に、応用倫理学。生命がテーマな場合は、生命倫理学）と言います。倫理学というと、「イイ感じの泣ける話」をみんなで聞いて道徳的な気持ちになりましょう、みたいなお説教めいたものを想像しがちなのですが、実際には逆にあらゆる道徳を相対化して、再帰的に検討しなおす学問です。

東洋思想の答えは「もうひとつの選択肢」になるのか

それではいったい、どうして自己決定や功利主義を近代以来、長く信じてきたはずの私たちは、生存くじや臓器売買に拒否反応を示すのでしょうか。さまざまな生命倫理学の理論を渉猟して検討した立岩真也《たていわしんや》氏は『私的所有論』という大著で、一見しごくあっさりした結論を出しています。それは「人間とは、そういうものだから」。

どうしてそうなのかと聞かれても根拠は説明できないのですが、とにかく人間には、自分（や他人）の身体が、単一の原理（たとえば自己決定論）で完全にコントロールされてしまうことを、不安に感じる性質がある。あなたの身体は「あなたの所有物だ」と言われたとき、論理的に考えれば「だったら、俺のものなんだから俺が好きに売り買いしていいはずだ」ということになるのですが、なぜかそうしようとは、私たちは思わない。むしろ自分自身にすら完全には操作も制御もできない、いわば自分の中にある「他者性」のようなものを、人間は残しておいてほしいと望むのではないか、と立岩氏は指摘します。

換言するなら、いろいろがんばって理詰めで考察しても、いかんせんあらゆる原理は再帰的に選ばれた基準なのだから、どこかで私たちの直感に反する部分が出てきてしまう。だとすれば「現に、私たちは臓器売買は嫌だと思う」という、理屈以前の素朴な感情や反応から、思考を出発させるしかないのかもしれません。

一見すると、このような立場は16世紀の「グローバル化」に際して、西洋ではなく東洋が出した答えに似ています。歴史学者の岸本美緒《きしもとみお》氏は『明清と李朝の時代』（宮嶋博史《みやじまひろし》氏と共著）の中で、1600年以降のヨーロッパが社会契約論に基づく秩序の再構築をめざしたのに対し、同じころの中国では「陽明学《ようめいがく》」に基づく儒教の解釈が流行したことに注目しています。

陽明学は儒教の中でも性善説を徹底したことに特徴があり、「本来、人間の性は善なのだから、人々が素直に自分の感情が赴くところにしたがえば、そこにおのずと秩序が生まれる」と考えました。人間は私利私欲しか考えない狼《おおかみ》のような存在だから、社会契約を結んでその本性を抑制しなくてはならないとした、ホッブズ流の西洋思想とは正反対の発想です。

西洋近代が再帰的に作り出してきた正義や人間のイメージ（その中にはしばしば、第6章で見たようなオリエンタリズムさえ含まれていました）が、私たちの実態と大いに食い違っていることが明らかになってきたいまでは、こういった東洋風の選択肢が魅力的に映ることもありますね。実際、書店に置いてある一般向けの中国思想や日本思想の本には、そういう「いきづまった欧米思想を、伝統の力で打破する！」ことを売りにしたコンセプトのものが多い。しかし実際には、そう単純にはいきません。

立岩氏の主張は「なんでも素朴な感情にしたがえばいい」と述べているのではなく、むしろそのような「この原理にさえしたがえばすべてうまくいく」といった、単一の判断基準を絶対化しようとする思考法には、つねに取りこぼしてしまうなにかが残るよ、と示唆するものでした。岸本氏もまた陽明学を流行させた近世中国の社会では、しばしば道徳感情の暴走による、殺伐とした混乱が見られたことに触れています。

たとえば、「法律で禁止されてはいるが、道徳的に考えて、自分の気持ちとしては絶対に行うべきだと思う行動」があったとします（「必要な許可なしでの手術」とか、「売国奴への制裁」とか、いろいろと思いつくでしょう）。そのとき、みんながそれぞれの素朴な感情にしたがって法律を無視したら、私たちの社会はどうなってしまうでしょうか。

もちろん、たびたび事例として触れてきたように、法律などというものは再帰的な存在の典型です。「本当に正しいから」法になっているわけではなく、「法として定めたから」法であるにすぎません。しかしながら、だからといってそれを破るだけでは、単に無秩序になるだけです。

第4章の最後に、再帰性は複数組み合わせることで安定する、という話をしたのを覚えていますか。法律が「現に法として定められている」ということ以外に、その正しさ（合法性）の根拠を持たないのと同様、正義もまた「ある原理が正義の基準として選ばれている」からこそ、そのかぎりにおいて正しいように見える、再帰的な存在でした。そしてこのふたつが一致していないせいで、「正しい（はずな）のに違法」「合法なくせに不正」としか感じられない状態が、この世界には溢《あふ》れています。

しかし逆にいえば、両者が完全に一致することがないからこそ、私たちはつねにいまある秩序を相対化し、より正しい世界をめざすことができるとも言えるのです。

最後まで、再帰的であり続けながら生きること

グローバル化が進むと言われるこれからの時代、再帰的に作られてきた「日本」や

「日本人」の輪郭は、きっとますますあいまいになっていきます。たとえば、いろいろな国から来た「在日外国人」に、街で出会うことが増える。あなた自身が外国に行って「日系人」になり、時として現地社会の方になじんでしまった自分を発見する。

いったい、この人たちは「日本人」なのか？　あるいは、日本人とみなす（みなさない）ことが「正しい」と言えるのか？　そんな問いかけが、授業の時間以外でも身近なものになっていきます。

そして、そのような問題に「正解」が出ることはないでしょう。いえ、社会的にはたとえば選挙権が与えられる（与えられない）とか、帰化が認められる（認められない）といったかたちで、彼らが日本人であるか否かについて、いずれかの結論が下されます。しかし、それらはあくまでも再帰的に、なんらかの基準を選択することで出された判定ですから、「正しい」結論だと思えるとはかぎらないし、いつか覆る可能性も秘めている。

そして、異なる再帰性もあるはずだということに目覚めてしまった私たちは、それに不安を覚えることでしょう。自分は日本人だということになっているが、よく考えるとその根拠は絶対のものではない。個人的にはこれしかありえないと思える主張が、あくまでも特定の価値基準を前提としたかぎりのものかもしれない。そういう状態にいらだって、「違う！　この考えだけは絶対だ！」と叫びたくなることも、あると思います。

しかし、そんなときは逆に考えてほしいのです。結局のところすべては再帰的な存在だから、そこには永遠も絶対も不変もない。しかし裏を返せば、それは私たちにはこれからもずっと、日本という国、日本人という存在、そして自分たちが正義と考える行いを、よりもっと優れた存在へとリニューアルしていくチャンスがあるということなのです。

小学校の作文の課題図書で、吉野源三郎《よしのげんざぶろう》の『君たちはどう生きるか』という本を読まされたことはありませんか〔２０１７年に、宮崎駿監督が次回作のタイトルに採用したことで、より広く知られました〕。最初に出版されたのは、１９３７年のこと。日本が軍国主義に染まっていく中で、近代科学の思考法や批判精神を伝えようとしたこの書物を敗戦後、56年に改版した際、吉野が新たに添えた「まえがき」には、こんな一節があります。

> 草も木も、鳥もけものも、ただ、いちずに生きてゆくだけで、自分の生き方を問題にしたり、気にかけたりはしません。人間であるからこそ、私たちは、「どう生きるか」と考え、いちどその疑問にめざめると、それを心からぬぐい去ることができなくなるのです。それは楽しいことでしょうか。いいえ、けっして楽しいことだとはいえません。みなさんも、おとなになってゆくとともに、きっと、ときどき、ただ無心に生きている草や木や、鳥やけものを、うらやましくながめることがあるだ

ろうと思います。（6頁）

一方で1983年、もはや西洋近代の作り出した価値観に対して、「大きな物語の終焉」が宣告されていた時代。そうしたポストモダニズムの思想を日本人に伝える啓蒙《けいもう》書として、当時の大学生のあいだでベストセラーになった浅田彰《あさだあきら》氏の『構造と力』にも、ちょうど同じような表現があります。

人間を狂った生物とする考え方がある。……毒キノコを例にとれば、有機体にとってそれが〈毒〉という機能的意味しかもたないのに対し、人間はその上に〈妖しい美しさ〉や〈まがまがしさ〉といった象徴的意味を塗り重ねずにはおかないのだ（9〜10頁）

人間はいつも何らかの形で、生命の世界、物言わぬ鳥や獣、草や木の世界に憧れてきた［が］……生きた自然からのズレ、ピュシス［有機的につながりあった自然］からの追放。これこそ人間と社会の学の出発点である。（30〜31頁）

私たちは再帰的にものごとを作り上げて生きる存在だから、「無心に」は暮らせない。生物学的に有益なものだけを食べ、毒のあるものは避けて、本能の赴くまま「ただ、いしい美しさ」をまとわせうるように、自分たちにとって価値がある（とされる）ものを再帰的に作り出す一方で、それに囚《とら》われたり、裏切られたりしながら生きる。

ちずに生きてゆく」ことができないのですね。むしろ、毒キノコにも認識しだいで「妖

まさしくここに、私たちが抱える悩みの源泉があったのでした。単なる動物としての生存欲求から考えれば、それは「狂った生物」の所業だと言わざるをえないし、「けっして楽しいことだとはいえません」。

しかし、それを知ることこそが「人間と社会の学の出発点である」。

私たちが、私たち自身の意識を媒介しない「あるがままの自然」にしたがって生きることをやめ、みずからの周囲にある環境を再帰的に認識し、再構成し、同じ社会のメンバーのあいだでだけ通用する現実に作り上げることを始めたときから、動植物とは異なる「人間」の歩みが始まった。それを自覚することが、この世界でよりよく生きるための基礎なのだということを、著者も時代も異なる2冊の教養書は教えてくれます。

自然にしたがうという正解があった世界を離れ、森羅万象が私たち自身の選択によって、不断にかたちを変えてしまう社会で生きること。「日本人」のような自分が属する集団さえもまた、決してひとつの輪郭には収まらないことを知り、そのようなあいまいな存在として、しかしそれを「次はどんなかたちにしようか」という、夢を見ながら生きること。

――そこに、人間のみじめさと、偉大さと、せつなさと、すばらしさと、そのすべてがあるのです。

解説にかえて　平成のおわりから教養のはじまりへ

「みんな、そう言ってる」
「そのみんなって奴《やつ》を連れてきなよ」
――山田正紀『宝石泥棒』

AI時代の大学の意義とは

大学教員をしていた時期に講義録として刊行した、本書をふりかえってまず思うのは、「大学で」学ぶことの意義に、こんなにも迷っていたんだな、ということですね。自分の職業の根本を疑いながら働いていたのか、と言われればそれまでですが、同時代への感度が鋭い先生であれば、多かれ少なかれ、似たことを感じていたのではないでしょうか。

たとえば2010年、NHKがハーバード大学の哲学講義を放映したことで、マイケル・サンデル教授がお茶の間でも人気者になるということがありました。本書の刊行と同じ13年には、東京大学が日本で初めて、欧米で一般的になっていた無償の公開オンライン講座の開設に踏み切っています。

これらは当時、「誰でも自宅で、ハーバードや東大のような『一流大学』の講義が聞ける時代に！」という形で宣伝された。その意味で、既存の大学の権威というものを前提としたブームでした。しかし、時代がそこで止まるという保証はどこにもありません。

それこそサンデル先生のような、世界で数十人くらいの「超一流」の有名学者の講義がネットでいつでも見られるようになれば、もうそれでいいじゃないか。どうして高いお金を払って、4年間も時間を拘束されて、（たとえば與那覇潤のような）世界的には無名の学者連中とつきあわなきゃいけないんだ。

そういう感覚が広がっていけば、いまある大学のほとんどは「いらないもの」とみなされるようになるでしょう。「グローバル人材」の育成から考えると、東大もいらないと言われるのでしょうね。みんなが直接、ハーバードやイェールの講座を見るのが理想とされるわけですから。

当時、翻訳が出て話題になった『機械との競争』というビジネス書がありました。2017年ごろから流行り出した、「AIが普及することで、単純なデスクワーク（事務や経理）しかできない労働者は職を失う」という話の先駆けですね。ああいう話を広める人って、「おれ自身は単純労働者ではない、頭脳労働者だから違う」という意識があるみたいだけど、ぼくは大学教員というのは全然、「ＡＩに代替される」ほうの職種だと思っていました。

いわば、これから大学がさらされるのは『独学との競争』である。海外有名大学のオンライン講義から、素人が編集したウィキペディアまで玉石混交であれ、タブレットが１台あれば「どの分野でも自宅で、いくらでも独学できますよ」と言われて不思議ではない環境が、遠からず来るだろう。そういう時代に、「いや、そうじゃない。やっぱり大学に通って、教室に出てくる意味はあるんだ」と主張するには、どうすればいいのか。

戦前の帝国大学の時代のように、知へのアクセスを大学教員が独占していれば、簡単だったんです。いま独逸《ドイツ》で話題の「ハイデッガー」なる哲学者の新著が、日本では帝大文学部のある教授の研究室でしか手に入らない。というかそもそも帝大の授業に出ないと、ハイデガーという名前を耳にする機会がない。

そんな環境はもちろん、いまの世界にはありません。平成の時代にはインターネットが、政治家・官僚や大手マスコミの「情報アクセスの独占」を崩した、と言われましたが、それは同じくらい、大学の「知的アクセスの独占」も破壊したのですね。

そういう時代に、大学の教師が「お前らはこれを知らないだろう」とだけ言っていても、独学との競争には勝てない。「知らなかったけど、いまスマホで検索したからいいでしょ」でおしまいです。だったら、どうすればいいのか。

必要なのは、学生が知らない「知識・用語・概念」それ自体ではない。むしろ、独学の状態では検索できるようにならないもの——既存の知識のあいだをつなぐ「新しいストーリー」のつくりかた、それまで自分が思いつきもしなかった「新しい視点」に立ってみる経験、それこそを大学で学ぶことの中心に、押し出していくしかないと思っていたのですね。

本書でいえば、戦前には日本が植民地を持っており、戦後になると婦人参政権が認められた史実は高校までの日本史で（第2章）、社会契約論・功利主義・陽明学といった用語は倫理の授業で（第10章）、それぞれ知っている。『ウルトラマン』なら一作くらい見ているだろうし（第4章）、『蛍の光』も歌っただろうし（第5章）、日本のアニメがいま世界でウケていることだって聞いている（第7章）。

だけどそれを知ったときに、こういう視点は持っていましたか？　こんな風につなげて、それらを理解したことはなかったのではありませんか？　そういう問いかけが行われる場所として、大学という「他人と顔をつきあわせて学ぶ空間」の意義を捉えたい。それが、本書のもとになった授業をつらぬく発想です。

人間は自分の知っているものについて、「自分とは異なるストーリー」を語られると、イラッときてしまう動物です。たとえばテレビのスキャンダル報道で、自分が応援している側が悪者みたいに扱われていると、ムカついてプチッと切っちゃう。ネットでも、タイトルだけで不愉快な論旨だとわかる記事は、最初から読まない。でも、それこそがまさに「独学の限界」なんです。

大学の講義って、そもそも不自然な空間ですよね。ふつうのコミュニケーションだったら、90分間も一方的に相手のストーリーを語られ続けて、自分は聞くだけなんて、恋人でも嫌になりますよ。しかもそれが毎週続く。だけどそこまでやるから初めて、独学では起きえなかったような視点の変化を引き起こすことができて、そしてそのかぎりで、そういう不自然極まりない営みが正当化されうるんだ――そんな風に考えていましたね。

教養科目としての「マイノリティの日本史」

学生にとって未知の「事実」自体よりも、それらをつなぐ「ストーリー」のほうにこだわるというのは、当時、職業的には歴史学を専攻していたことが関わっていると思います。本書が教養科目の講義録であるのに対して、日本史を研究したい学生向けの専門科目として開講していた授業の講義録が、『中国化する日本』という本ですね。

そちらが文庫になったときも増補で書いたのですが、やっぱり最初は「プチッと切っちゃう」学生が多かったんですよ。「みなさんは『西洋化』『近代化』というストーリーで日本史を習ってきたけど、この授業では歴史学の成果に基づいた『中国化』という新しいストーリーで、歴史を描きなおしてみましょう」というと、「おれの求めている歴史と違う。そんな話は聞きたくない」。最少2名で授業をやったこともありましたが、どちらも夜間のコースから昼の授業に出てくれた子たちだったから、その学期の正規の受講生はある意味で0人です。

これは、メディアが歴史学を取り上げる際の扱い方の問題でもあるんですね。新聞の文化面で時々あるでしょう、「坂本龍馬の新史料発見」みたいな記事。確かに新しい史料が出てきたのだけど、読んでみると「家族あての書簡で、お姉さんを慕っていたことがわかりました」といった内容で、別にそれで日本史のストーリーが大きく変わるわけじゃない。だけど一般の人は、それが歴史研究のすべてだと思っちゃう。

自分が知っているストーリーを前提にしたまま、そのお話に登場する人物（たとえば龍馬）が実際に書いた文書に触ってみたい、ゆかりの場所を訪ねてみたい……といった欲求は、もちろんあっていい。だけどそうしたニーズにふさわしいのは、カルチャーセンターの古文書教室や観光会社の旅行ツアーであって、大学は違うことをしないといけない。それをやらないなら、歴史学者なんかクビにして、地元のベテランバスガイドさんに授業を持ってもらった方が、絶対に学生の満足度は上がりますよ。なんといっても、話術のプロですから。

ぼくはそう考えていたから、大学で日本史を専攻したい人にとっては、『中国化する日本』の講義で一度、自分たちが知っているつもりの「日本史の大きな流れ」（＝マジョリティにとっての日本史）自体を、大きく転換する体験をしてほしかった。一方で、そこまで日本史に興味はないけど、でもこれからも日本で生きていく市民になるだろう人には、本書の授業（教養科目）をつうじて、マイノリティから見ると「日本史って違って見える」という感覚を体験してほしい。そういう気持ちで、両輪一体でやっていましたね。

これ、「逆にすべきじゃないか」という意見も結構もらったんですよ、特にSNSで。でも、ぼくはこの選択がいまも正しかったと思う。

後で述べるように、平成の半ばからナショナリスティックな「国民の歴史」を掲げる人たちが増えたこともあって、「日本史の専門家は、少数者の歴史こそを語るべきだ。マジョリティとしての『日本人』を主語にした歴史教育は、すべきではない」と言われた時期もありました。でも、そうするとどうなると思いますか？

高校までは「日本人」の歴史を習って、大学の専門科目で沖縄・在日・女性……といったマイノリティについて教わるとするでしょう。これ、高校の教科書にコラム欄で「ちょっと違う人たちもいました」と書き足すのと、同じになっちゃうんです。既存の日本史のストーリー全体は書き換わらないまま、「へぇ、在日の人って大変だったんですね」でおしまいです。

そうじゃないだろうと。大学で日本史を専門にしたい、というのなら、「歴史の本筋」とは外れた、細かい部分についても習いました」ではなくて、その本筋なるもの自体を別のものにしないと意味がない。逆に、日本史の専門家にはならない人でも、立場が変われば「日本史」が一種類に見えないこともあるんだ、という価値観を育んでおくことには意味がある。

本書のまえがきで触れたように、グローバル化とは「視点や価値観が異なりすぎて、前提を共有していない人」どうしの接触が増えていく経験だから、まずは一見身近な日本史を素材にすることで、その感覚に慣れていくことが、ほんとうの意味での「グローバル人材」の育成なんだと。そう思ってやっていました。最近は、官庁やコンサルが売り込む用語が「グローバル」から「ダイバーシティ」（多様性）に移ったようですが、きちんと考えてグローバル化を扱っていたのであれば、新たにお化粧直しする必要はないはずだと思います。

「二重国籍」が問いかけた真の問題

ぼくが本書の授業を担当したのは、２０１４年の夏学期が最後です。そこから病気をして、ずっとテレビもインターネットも見られない時期が続いて、ようやく情報収集ができるくらいにはなったのが、16年の夏ごろでしょうか。

まさにそのころからメディアを騒がせたのが、民進党代表になった蓮舫《れんほう》参議院議員（現・立憲民主党）の二重国籍問題でした。第3章に書いたテーマそのものでしたから、教壇に立っていたらきっと言及しただろうなと感じるとともに、見ていて非常につらかったですね。

あたりまえだと思うのですが、万国共通の「自然な国籍制度」などというものはありません。国ごとに制度が違う以上、二重国籍で生まれてしまう人がいるのは当然で、それ自体が道徳的に「悪いこと」であるはずはない。

しかし、いまのところ日本の法制度では二重国籍をみとめていないのだから、それは守らなくてはいけない。22歳をすぎても国籍選択をしないでいたら、少なくとも法的には「悪いこと」になるし、過失でなく故意だったらもっと悪い。まして、自分の国籍に関して事実と違うことをうたって選挙に出てしまったら、より悪いことになる。

本書の最後で、正義としての正しさと合法性としての正しさは「完全に一致することがない」（180頁）と書いたのは、たとえばそういうシンプルなことなんです。ところがそれが、いまの日本ではこんなにも通用しないのかと、愕然《がくぜん》としました。二重国籍的なルーツを持つこと自体を叩《たた》くかたちで、蓮舫氏への批判に便乗する人たちもいれば、「マイノリティの社会的立場を守らなくては」といった論調で、法的にもまったく問題がないのだと強弁する人たちもいる。

蓮舫氏の場合に問題になったのは、日本と台湾（中華民国）との二重国籍でしたが、これは本来、それこそ「二重」の意味で難しい問題なんです。ひとつは本書でも触れたように、大日本帝国時代の「外地戸籍」に登録され、敗戦後に日本国籍を失って「在日台湾人」となった人（とその子孫）が、国内に大勢いること。そしてもうひとつの難しさが、いわゆる「ふたつの中国」の問題です。

1972年まで、日本が国家として認める「中国」は中華民国でした。しかし同年の日中国交正常化で、中華人民共和国（大陸中国）のほうが「正しい中国」だということに変わってしまう。第3章の参考文献に挙げておいた陳天璽《ちんてんじ》氏の『無国籍』を読むと、そのとき在日台湾人の人びとが、どれほど悩んだかがわかります。

おおむね、このとき在日台湾人の人が選びえた選択肢は3つあって、日本との国交がなくなってしまった中華民国の国籍を維持するか、怖いけれどもいままで対立してきた大陸中国の国籍に変わるか、自分のルーツを捨てることにはなってもこの際、日本国籍に帰化するか。どれも本人にとってデメリットや、ハードルがありますよね。

このとき陳氏のお父さんはあえて、「無国籍になる」という選択をした。3つの国籍のうちどれを選ぶのも不安がある、だったらむしろ無国籍となって、国際法の保護に期待したほうがいいのではないか――。そういう判断だったようです。ちなみに、蓮舫氏は陳氏より4歳上なだけなので、同じ時期のご家族には、きっと似たような悩みがあったものと推察されます。

蓮舫氏が過失（うっかり）で、国籍選択の手続きを忘れていたのなら、法的な問題を認めて謝罪すればいいいし、もし故意に有権者を偽っていたと証明されるなら、その「虚偽」という行為については道徳的にも非難されるべきでしょう。しかし、みんなが「蓮舫を叩くか、守るか」という問いだけに熱中して、こういった歴史的な背景、言い換えると「『なぜいま、このような問題が生じているのか』という問題」については、すとんと意識の外に落ちてしまう。歴史の教員をしていたことの、無力さ・無益さを痛感しましたね。

特に強い違和感をおぼえたのは、「いまはダイバーシティの時代であり、日本社会も多様性の尊重にむかうべきである。だから女性かつ台湾系という、二重のマイノリティとして頑張っている蓮舫氏を守らねば」といった姿勢で、明白な過失ですら一切認めないという態度をとった人たちでした。一見すると応援団のようでいて、これ、本来は蓮舫氏に対して一番失礼なことをしているでしょう。

ある政治家を評価するときに、その実績ではなく「台湾系の女性」という出自の部分しか見ないよ、と。あなたの出自がわれわれのビジョンに好都合だから、応援（＝利用）してあげるよ、というのは、実のところ「おまえにどんな実績があったところで、出自が卑しいから認めないぞ」とする人種差別主義の姿勢と、同様の基準で人の価値を測っている。どうしてそのことに気づけないのか、ほんとうに悲しい事件でしたね。

ショーンK氏を大学講師に？

病気から離職へいたる体験については、この度『知性は死なない』という本にまとめたのですが、先に述べたように2014年夏から16年夏まで、ぼくには社会で起きた出来事の記憶がほとんどない。だからその後、病気の前に見ていたブログやニュースサイトをさかのぼって、2年間にあったことを学習しなおしたんですね。そのなかで蓮舫氏の件とは対照的に、とても痛快だったのがショーンK氏の「経歴詐称」問題でした。「ショーン・マクアードル川上」を名乗り、出自は日米のハーフ、海外のエリート大学で学位をとり国際コンサルタントとして活躍中という、絵にかいたような「グローバル人材」の経歴が、ほぼすべて嘘だと2016年3月に発覚した事件ですね。多くのニュース番組が彼をコメンテーターとして起用中だったため、テレビ局のあり方にも批判が集まりました。

痛快というのは、嘘がばれてクビになってざまあみろ、という意味ではありませんよ。むしろ、よくぞやったという感じでしょうか。『キャッチ・ミー・イフ・ユー・キャン』や『アメリカン・ハッスル』のような、詐欺師の小気味よい活躍を通じて、社会がかかえる愚かさを笑い飛ばす映画のような爽快感ですね。ショーンK氏が証明してくれたのは、グローバル人材なんていない、ということでしょう。少なくとも、物理学的に物体が存在するような仕方では、グローバル人材は存在しない。現に、同氏はハーフでも、ハーバード大MBAでもなく、世界を股にかけるコンサル会社を経営してもいなかったでしょう。

大事なのは、内実はまったくグローバルではないショーンK氏でも、「みんなが『いかにもグローバル人材が言いそうだ』と思うこと」をコメントしていれば、実際に「グローバル人材」として通用したということです。つまり、本当にグローバルなキャリアを持っている人でないとコメントできない内容なんて、世の中にはほぼない。

あるのは、「グローバルな人ってきっとこうだよね」という視聴者の先入見と、それに適合する部分だけを拾い「やっぱりグローバルな人はすごいね」と結論して、最初の思い込みを強化（再生産）する再帰性だけです（第1章）。血液型占いを読んで、「ほら、アイツってB型だから……」とやるのと同じですね。

言い方を変えると、あのころ日本で求められていた程度のグローバル人材こそが、いちばんAIで代替可能な存在だったということです。ニュースの話題をネットで瞬時に検索し、「グローバル化に肯定的な人に高く評価されているコメント」を集めて、その最大公約数を外国語なまりの発声で読み上げる。ショーンKというのがそうしたアンドロイドの名称であれば、問題なかったわけですよね。

逆に、もし仮に「本当のグローバル人材」とでもいうべき人が存在するとしたら、むしろあれだけ活躍できなかったのではないでしょうか。「発言が意味不明」「社会常識がない」「空気読め」みたいに言われてね。経歴詐称を通じてそういう日本社会の構図をあぶりだした、ショーンK氏の功績は大きいと思います。

ご自身のやったことの意味をそのように説明してくれるなら、という前提つきですが、意外に大学の講師とか、次のお仕事にいいかもしれないと思いますよ。本当の出自や学歴には関係なく、「いかに自分を『グローバル人材』に見せるか」を教えられるのだから、学生の就活にはこの上なく有益でしょう。少なくとも、ひたすらTOEICの試験対策をするとか、大学レベルに達していない留学生を相手に「国際交流」させるとか、そうしたプログラムに比べれば、大学にふさわしい授業となりうるのではないでしょうか。

文系の学問は「脱・人間主義」のレッスン

もし、本書の基になった授業を履修してくれた人たちが、ショーンK氏なり蓮舫氏なりの問題に接した時に、自《おの》ずとそう感じてくれていたなら冥利に尽きるのだけど、なかなかそうもいかないでしょうね。どうしても私たちには、「人間」という単位で物事を考えてしまうくせがある。つまり「蓮舫が、ズルをしていた」「ショーンKが、嘘をついていた」という問題として事態を捉えてしまうから、あとはその「問題を起こした人間」の糾弾ないし弁護に終始して、そこから先に考察が進まない。

　スキャンダル報道くらいなら、それでもいいかもしれませんが、いまの日本の言論が抱えている深刻な病理は、あまりにも多くのことが同じ論法で議論されてしまうことなんです。たとえば、ようやく景気が回復してきたといわれても、実質賃金は下がったままで暮らしがよくならない。それを「強欲な経営者が、もうけを内部留保として貯《た》めこんで、労働者に配らないからだ」と説明し、政財界の有力者が豪華なご飯を食べている写真なんかを見つけると、「こいつらがおれたちの富を……」と非難する人がいますね。本当にそうなんでしょうか。

　誰もが知る資本主義の批判者だったマルクスが『資本論』で述べたのは、それは違う、ということなんです。「資本家は、彼が**人格化された資本**であるかぎりにおいてのみ、歴史的価値と歴史的な存在権を有している」（邦訳323頁、強調原文）と記して、資本が自分自身の総額を増やそうとして自己運動を繰り広げるのが資本主義であり、資本家とは、たまたまそうした運動上の結節点にいる存在にすぎない、という見取り図を描きました。「強欲な資本家」を労働者の窮乏の原因としてみるのではなく、むしろ「資本家の富」と「労働者の貧しさ」の双方が再帰的に相手を再生産しあう運動として、資本主義を捉えようとした。

経済だと抽象的で難しいなら、政治で考えましょうか。この数年、政権を批判して「もはや安倍晋三《あべしんぞう》がやりたい放題の独裁となっており、日本は全体主義国家になりつつある」といったことを言う識者が増えました。でも、本当に安倍さんは自分のやりたいことが思うままにできたんでしょうか。野党や批判者には居丈高でも、民意の動向・対外関係・経済の状態・支持団体の意向などに制約されて、「やりたいのにできないこと」はいっぱいあったはずですよね。

あなたが、安倍首相を「やりたいことを全部実現してしまう独裁者」として見るかぎりで、世の中に起きているすべてのことが「政権に都合のいいように、安倍の意向にそって操られている存在」として見えてくるのであって、逆ではありません。そして実はそういう見方は、「安倍総理こそ戦後最高の偉大な政治家であり、すべては総理のおかげで景気も回復し、日本人は誇りを取り戻し……」というような政権礼賛者のそれと、同じになっている。

人文系の学問というのは、こうした視座の転換――おおざっぱにいえば、脱・人間主義のセンスを身につけるためにあるんです。ふつうに暮らしているかぎり、私たちはどうしても「よい人間／悪い人間」のせいにして、因果関係の視点で物事を捉えてしまう。給料が上がらないのは社長のせいだ、消費税が上がるのは総理大臣のせいだ、というわけですね。もちろん、これ自体は生活者の素朴な実感としてなら、別にとがめられることではありません。

しかしそういう見方ばかりしていると、第1章で論じたように、ほんとうは因果関係ではなく再帰性で決定されている、世の中の動きが見えなくなってしまう。それだと困るから、そういう日々の暮らしやビジネスの場からはいったん隔離された空間で、普段の生活実感とは異なる視点や論理を身につける訓練をする場所として、大学の意義があった。そういう自覚をもっている先生や学生は、いまどれだけ残っているでしょうか。

国家が擬人化された「平成」の政治

自分は別に、そんな極端に安倍さんを罵倒したり讃美したりしなかったし、と感じた方もいるでしょう。でも、そういう「普通の人」であっても、人間を単位として物事を見てしまうという罠から、無縁ではないのです。

注意していないと、あまりにも自然すぎて気づけないのですが、たとえばニュース番組などでは、しばしば国家が擬人化されて語られていますよね。地球温暖化に関する「アメリカの意向は……」とか、北朝鮮の非核化をめぐる「中国の本音は……」とか。でも、特定の人間個人ならともかく、アメリカという国家に「意向」なんてあるんでしょうか。

アメリカの国務省内では、こういう雰囲気で議論がまとまりつつある。しかし連邦議会は、なかなかその線で一致できそうにない。世論調査をしてみると、こんな風に答えが割れた。一方で大統領は、ツイッターで自説を放言している……。このとき、どれがいったい「アメリカの意向」なのでしょうか。

本来は内部に多様性や分裂をはらんでいるものを、あたかも一個の人格があるかのようにみなすことで、たとえば国務長官の記者会見が、一体化された「アメリカの意向」であるように見えてくる。しかしそこでいう「アメリカ」は、あくまでも擬人化された国家だという点で、一種の比喩にすぎない（第3章）。そういう自覚をもって、ふだんニュースを見ている人は、あまり多くないと思います。

なぜそんな、一見すると重箱の隅をつつくようなことを言うのか。いまふり返って思うとき、平成の日本で政治や社会を一番大きくふり回してきたのが、この「国家の擬人化」だったからです。

たとえば総理大臣が靖国神社に参拝すると、「日本は」戦争を反省していないのか、と言われますね。あるいは、従軍慰安婦の人たちに謝罪や補償をするときも、「日本という国家が」行うのでなければ意味がない（＝たんなる民間の募金等ではいけない）と言ったりする。でも、もし国家として「反省する」とか「謝る」ことができるのだとすれば、それは国家を擬人化してみていることになります。

左翼・右翼というレッテル貼りをあまりしたくないのですが、「国家の擬人化」とは右か左かでいえば、もともとは明確に右の人たちがすることだったんです。たとえば、天皇という一人の人間が発した「おことば」を、彼が首長を務める歴史的な民族共同体の意思として読み換えて、「これが日本の意向であり、日本人の心だ」と主張する。逆に「そういう発想は、国内の多様性や異論を圧殺することにつながるから危険だ」と批判するのが、左翼のしごとでした。

平成という時代の新しさは、左翼やリベラルと呼ばれる人たちの側が、むしろ率先して「国家の擬人化」を推し進めることで、それに否を唱える人びとがいなくなったことだと思います。１９９３年に初めて非自民連立政権の首班となった細川護熙《ほそかわもりひろ》氏が、先の大戦を「侵略戦争」と明言し、その後95年の「戦後50周年」以来10年ごとに、それぞれ社会党委員長だった村山富市《むらやまとみいち》氏、自民党総裁の小泉純一郎《こいずみじゅんいちろう》氏・安倍晋三氏が歴史認識を述べる「首相談話」を出してきました。

つまり、本来はどちらかというと国家を擬人化することに慎重なスタンスだったグループが先行して、いわば擬人化というリスクをとってでも、「国家として」きちんと過去への謝罪や反省を表明したい、という立場を示した。その流れをいわば逆用する形で、「擬人化された国家として何をするのか」という点では内容を異にする、もともと国家志向の強い人びとが政権を担うようになった。

１９８９年を元年とする平成のはじまりは、世界的にいうと「冷戦の終わり」にあたり、そうした時代の大きな変化の中で、レーガン・サッチャー・ゴルバチョフといった各国の指導者が「歴史的な人物」にみえたのですね（第２章）。また85年には、日本と同じ敗戦国だった西ドイツのヴァイツゼッカー大統領が「荒れ野の40年」といって、自国の過去への反省を非常に巧みに表現して名演説と呼ばれました。

日本にも、「擬人化された国家」を堂々と担えるような指導者がほしい。そうした平成初期の空気が、長期不況や対外関係の緊張、自然災害や巨大事故に見舞われるなかでの「強いリーダー」への期待と相まって、日本という国家の擬人化を誰も不思議に思わない、あたりまえの視点のように定着させてきた。そんな風に「平成」をふり返っておくことは、いまとても重要ではないかと思います。

「陰謀論の時代」をもたらしたもの

戦後50周年だった１９９５年に、文芸批評家の加藤典洋《かとうのりひろ》氏による「敗戦後論」という評論が論争を呼びました。リベラルないし左派の政治家を首班とした細川・村山内閣は、しかしどちらも保守派との連立政権だったので、首相の意向に反して「先の戦争で、日本は別に悪くない」といった失言をして、クビになる大臣が出た。

加藤氏の議論は、これをフロイトの精神分析の思想で解釈したんですね。たとえば、内心では死んでいい気味だと思っている相手のお葬式に行くと、「お悔やみ申し上げます」と言うべきところで「お祝い申し上げます」と言い間違えてしまう。失言（＝言い間違い）とは、本人にも自覚できていない無意識の発露なんだ、というのがフロイトの考え方でした。

この視点を加藤氏は応用して、戦後の日本は新憲法の平和主義を建前としつつ、本音としての「日本は悪くない」といった感情を無意識に押し込むことで、人格分裂を起こしてきたのではないか、と指摘した。しかしご覧のとおり、これはまさしく日本という国家を丸ごとひとつの人格であるかのように喩《たと》える、国家を擬人化する議論でもあったわけです。

本来なら加藤氏を批判する人たちは、その点にこだわるべきだったのでしょうね。ところが、ちょうど同じ頃から従軍慰安婦の問題が前面に出てきたために、「自己」（日本）をめぐる議論をするより、他者（アジア）に対する応答を優先せよ」といった批判のしかたになってしまった。そのためにかえって、自己をどう再想像するか、共同体を人格化（擬人化）して把握することの長短はどこにあるか、という問題は素通りされてしまった感があります。

90年代の後半は、当時、歴史教科書問題にも深くコミットしていた小林よしのり氏の連載マンガである『ゴーマニズム宣言』が、とくに若い人のあいだで大きな影響力を持ちました。少しでも読んだことがあればわかると思いますが、小林氏の政治マンガの技法は、徹底した「国家の擬人化」に特徴があります。

たとえば、小林氏にとって好ましい国＝日本を描く時は、戦時下の純情な若者とか頼もしい軍人さんとかに国家を投影して、とても美しい人間として描く。逆に悪《あ》しきアメリカのことはルーズヴェルト、中国のことなら蔣介石《しょうかいせき》などの指導者の肖像画に仮託して、憎々しく醜悪な顔つきで描く。ちょうど、本書の第6章でみたようなプロパガンダの手法になっているわけです。

小林氏は怒るかもしれませんが、ぼくはあの頃、『ゴー宣』ってどこか文革期の共産中国のポスターに似ているなあ、と感じていました。自国の指導者（毛沢東）や勤労大衆を光輝く表情で描き、「米帝」のような悪しき存在を醜い悪人として描く。あれは社会主義だからそうなるのではなくて、国家がするりと人格化されてしまうような、東アジアに共通の思考の回路というか、表現の様式があるのでしょうね。

国家を擬人化することの短所は、たとえば陰謀論に陥りやすくなるところです。ほんとうは「アメリカ」という国家に意向があるなんて、安易に言えないのだけど、擬人化してしまうことで「すべてがアメリカの意向にそって、操られている……」といった言い回しが可能になる。最大の問題作になった小林氏の『戦争論』（１９９８年）は、極右的ではあってもそうした陰謀史観では必ずしもなかったのですが、それでも一か所、根拠を示さず盧溝橋《ろこうきょう》事件を「支那共産軍」の陰謀と断定する箇所があります。

小林氏のマンガがひらいた、そうした国家を擬人化して把握する風土の上で、2008年には田母神俊雄《たもがみとしお》氏の論文事件が起きました。航空自衛隊の幕僚長、外国でいえば空軍のトップに相当する軍人が、政府の公式見解とは180度正反対の「日本は侵略者ではなく、コミンテルンの陰謀で戦争に引きずり込まれた被害者だ」とするエッセイを、民間の懸賞論文に応募して当選した事件ですね。

小林氏のマンガでは一応、一点のみに絞られていた陰謀論の発想を、いわば全面展開して「これで先の戦争の歴史は、すべて説明できる！」とやったわけです。なんの史料的な裏づけもなく、参考文献もまともに読んでいない「思いつき」に近いものだったこともあって、田母神氏は即座に更迭されましたが、一躍、保守論壇の人気者になりました。

本来なら、ここで立ちどまるべきだったのだと思います。内心で「いつまで、過去への謝罪が必要なんだろう」「日本だけが、そこまで悪いことをしたのか」という気持ちを持っている日本人なら、かなりの数いると思いますが、田母神氏のような「極端」な歴史観を信じている人となると、おそらく少数でしょう。「日本人」の全体を一人の人格に擬人化して、「田母神史観こそが、日本人の抑圧された本音、無意識であり……」のように分析したら、相当な無理が出てくるはずなのですが、しかし事態は、そこで止まりませんでした。

空洞化した歴史観の果てに

　このころまでが、陰謀史観や粗雑な物語は「危険なナショナリズムに基づき、戦前を全肯定したい右翼」が語る（騙る？）ものだ、とされていた時期ですね。それに対抗する側は、「物語ではなく史実」としての歴史を扱っているのだ、などと素朴に主張できた、いま思うと平和な時代だったのです。実際には「物語ぬきの歴史」なんてありえないにもかかわらず（第2章・第8章）、それに目をつむって「あいつらはしょせん物語、おれたちは史実」と言っていられた。

　そうした幻想が破綻したのが、震災と原発事故を経た2012年ごろでしょうか。米国に由来する原子力という技術の暴走、また当時は「アメリカの意向」によるものとみなされたTPP（環太平洋パートナーシップ協定）をめぐる論争のなかで、「日本政府は、米国の思うままに操られているのではないか？」といった感覚が国民に広がった。それをすくいあげる形で、今度は元外交官、かつ情報部門のトップをつとめた孫崎《まごさき》亨《うける》氏の『戦後史の正体』がベストセラーになりました。

　著者の孫崎氏は、自身の主張を陰謀論とは思っていないらしいのですが、60年安保を「対米独立をめざす岸信介《きしのぶすけ》首相を、退陣させようとして米軍とCIAが火をつけたもの」

だと主張する歴史書を、陰謀史観と呼んでいけない理由はないでしょう。米軍基地やTPPに対する左派的な批判で知られる孫崎氏がそうした見解を公言することで、陰謀史観は右翼の専売特許ではなくなりました。

つづく2013年には、やはり「対米従属批判」というメッセージを共有する白井《しら》聡《いさとし》氏の『永続敗戦論』が広い読者を獲得します。同書では一応、孫崎氏の歴史観に寄せられた批判にも触れてはいるのですが、刊行後の両名での共同作業のあり方から見たとき、「学問的には素人である元官僚の陰謀史観に、政治学者がお墨つきを与えた」と言われても、やむを得ない面があります。

白井氏の議論の枠組みは、同書の中でも言及があるとおり、20年近く前の加藤典洋氏のそれとほぼ変わりません。むしろ、加藤氏以上のフロイト主義かもしれない。「敗戦」という受け入れがたいトラウマを体験した日本人は、それに向き合わなくてすむように否認して、無意識に押し込んでしまう。しかし「我々には敗戦のトラウマなんてない」と称して、勝者であるアメリカの同盟国となり（実質的に）従属していくものだから、いつまでも本当の意味で敗戦を清算することができず、ゆがみが出てくる、という主張です。

よく、DV（家庭内暴力）をふるう相手に対して、「これは暴力ではない、愛情なんだ。私はみじめな被害者ではなく、愛されているんだ」と思い込む（＝否認する）ことで、ますます依存していってしまう人がいますよね。そういう構図に喩えることで、白井氏は日米関係のあり方を批判したかったのだと思います。ただ、こうなるともう国と国との関係を完全に「擬人化」して、対人関係とイコールなものとして捉える分析になっている。

日本の論壇における、国家をフロイトの手法で捉える議論のはしりは、吉本隆明《よしもとたかあき》が1968年にまとめた『共同幻想論』だと思いますが、その時点では「かれ［フロイト］はこういう関係が〈対〉幻想［性的な男女の関係の観念化］の領域でだけ成り立つもので、けっしてそのまま社会の共同性や個人のもつ幻想性には拡張できないことをその考察から除いてしまった」（同書183～184頁）と述《の》べて、安易な国家（＝社会の共同性）の擬人化には待ったをかけているんです。吉本も詩人らしく、直感だけで議論をするところがありますが、それとくらべてもずいぶん粗雑な手つきで、私たちは国家を扱うことに慣れてしまったのではないでしょうか。

こうして平成という時代を通じて、（かなり極端な）右から左まで、国家をあたかも一個の人格のように把握して論ずる態度が、自明のものになってゆきました。昔は「中国は反日だけど、台湾は親日だから」みたいに（無自覚な）国家の擬人化をすると、大学で先生に叱られるのが相場だったのですが――。もう一度、ほんとうに社会は「人間」をモデルとして説明できるものなのか、問いなおすときが来ているように思います。

『シン・ゴジラ』『君の名は。』と物語の終焉

　国家どうしの関係ですら、「こいつは好き／あいつは嫌い」といった身近な対人関係と同様に処理してしまえるなら、第8章でみた「歴史＝物語」を通じて、マクロな共同体を作り出すといった営為も不要になるでしょう。一見すると「歴史論争の時代」として始まったかにみえる平成とは、実際のところはむしろ、ゆるやかに歴史の無効化へ、壊死へとむかう時代ではなかったでしょうか。

　ここで行論上、2016年に映画界を席巻した『シン・ゴジラ』に触れないわけにはいきませんね。やはり第8章で扱った「ゴジラ」シリーズをリブート（設定を一新しての再起動）した作品で、臨場感や特撮の精巧さもあって、ヒットするだけでなく高い評価を得た映画です。

　1954年の『ゴジラ』第一作が、同年の第五福竜丸事件（原水爆の脅威、第2章）を背景にしていることはよく知られていますね。『シン・ゴジラ』の場合は、同じ核エネルギーでも2011年の東日本大震災と福島第一原発事故をモチーフとして、設定をつくりなおしてある。これ自体は、オリジナルに敬意を表した見事な翻案だったと思います。

　ただ作中で展開されるストーリーには、どちらかというと私はしらけてしまいました。

もう、わかりやすすぎるくらいわかりやすい「国家の擬人化」による男女の劇ですよね。日本の擬人化が、長谷川博己《はせがわひろき》さん演じる内閣官房副長官で、同盟国（宗主国？）であるアメリカの擬人化が、石原さとみさんの米国特使。

もちろんスタッフも、擬人化ですべてが片づくとは思っていなくて、たとえば震災直後にさまざまな識者が議論した、日本政治における意思決定者の不在という「システム」の問題を、シナリオに織り込んではいます。言い換えると、「総理が無能なやつだから悪い」みたいな、単純な構図にはしていない。

しかし、結局はどうなるかというと、そうして何も決められない内閣の面々をゴジラが皆殺しにしてくれて、若手の官房副長官の手に全権力が落ちて、彼の情熱が日本を救うというお話です。クーデター幻想ですよね。もちろんフィクションなんだから、美しいクーデターがあってもいい。ただ、それは「理想の日本」のイメージを一人の人格に投影する、かなり無理のある擬人化なんだということは、意識しながら見るべきではないでしょうか。

一方で石原さんに擬人化されたアメリカのほうですが、第6章で紹介した映画『サヨナラ』と対比してみると、ちょっと面白いですね。「戦勝国アメリカ＝男性／敗戦国日本＝女性」のあいだで和解が成立する、という、50年代当時の日本人には受け入れられなかった構図を、性別としては逆にしてみた。ただ女性のほうも男性に庇護《ひご》される存在ではなく、むしろ高飛車にわたりあうキャラクターとして描かれているのは、しかたないですよね、そちらがアメリカなのだから。

作中の流れとして、副長官（日本）が彼女（米国）の助力を拒絶して、「こんどこそ『自立した日本』として、日本人の力だけでゴジラを倒すのだ」という話になるのかなと思わせるところがあります。そうなったら面白いと同時に、少し怖いなと思っていたら、そこまでは進まずに「日米共同作戦」でゴジラと戦うことになった。現実の世界でいうと、集団的自衛権を思わせるイメージですね（第4章）。

本書ではほとんど触れられなかった『ウルトラマン80』の最終話が、ウルトラマンに頼りきらないために、あえて人間だけで怪獣を倒す話として知られていて、『シン・ゴジラ』のスタッフは同作が好きな方たちのようだから、期待したのですが……こういう、無難な落としどころでよかったのかな。ただ、もしこれから集団的自衛権というものが国民感情のあいだで定着していけば、きっと『シン・ゴジラ』のヒットも、その画期としてふり返られるでしょうね。

このようにみてくると、本書の第8章で述べた「大きな物語の終焉」という構図は、まちがっているじゃないか、と感じる人がいるかもしれません。『シン・ゴジラ』は立派に、歴史的な文脈のなかで物語を語り、それを国民が支持した。歴史はパロディになんかなっておらず、いまも「アツい」存在なんだと。もしあなたがいまそう思っていたら、鋭い読者だと思います。

ただ、自説に拘泥するわけではありませんが、ぼくは『シン・ゴジラ』は壮大なパロディだと思います。そもそも、クーデターが成功し（擬人化された）国家が復活してハッピーエンド、という発想自体がパロディでしょう、現実にはそんなうまくいかないんだから。

ぼくが好きな日本の政治映画に、三島由紀夫《みしまゆきお》の事件にも言及する『皇帝のいない八月』があるのですが、もし本気で自衛隊が決起して美しい日本が復活する、と思って市ヶ谷駐屯地に乱入していたら、三島はただのオカシイ人になっちゃいますよね。成功しないとわかっていて、それでもあえてやるというのが美学であって、「やったら成功しちゃいましたー、てへっ」はパロディではないでしょうか。

クーデター映画という意味では、2015年にもリメイクされた『日本のいちばん長い日』も欠かせません。オリジナル版を監督した岡本《おかもと》喜八《きはち》は三島由紀夫と1歳違いで、『シン・ゴジラ』の総監督である庵野《あんの》秀明《ひであき》氏が敬愛していることでも知られます。なので、ゴジラ撃退の鍵を握る謎の科学者の写真として、岡本のポートレートが使われたことでも、話題を呼びました。

しかしここでも、ちょうど同じ構図が出てくる。岡本の戦争映画は、時としてクーデター幻想に結実するような「少年兵や青年将校の純粋さ」が、必ず戦場や政治の現実に裏切られていく、そこが見どころになっているんです。現実の歴史が、そうでしたから。ところが、庵野氏はあっさり成功させちゃうんですね。

その意味で、『シン・ゴジラ』はきわめて反《アンチ》・岡本喜八的な物語を持っているのですが、観客は岡本の写真という引用だけをみて、「さすが庵野さんだ、日本の戦後映画史を踏まえている！」と言うわけです。ポストモダンということでしょう。バラバラな要素どうしの言及・参照関係だけが重要で、現実の歴史を背景にもつ物語のほうは、もはや意識されていない。

２０１６年にはアニメ映画の『君の名は。』が事前の予想を覆し、『シン・ゴジラ』をも上回る大ヒットになって国民を驚かせましたが、こちらをめぐっても同様の状況があったかな、と思います。『君の名は』というのはもともと、オリジナルの『ゴジラ』と同じ１９５０年代前半に、社会現象になったラジオドラマとその映画版の題名で、平成初頭の91年にＮＨＫ朝の連続テレビ小説（視聴率としては惨敗）になるまで、昭和をつうじて何回かテレビ化もされています。

題名がパクリだ、といった揚げ足をとっているのではありません。むしろ、オリジナルなら戦争、『。』がつく方なら（ＳＦ的に抽象化して描かれる）震災という悲劇を背景に、「会いたいのに、すれ違って会えない男女」を描くという意味で、ぼくにはこの作品がすごく、戦後の映画史をなぞっているように見えました。それこそ、庵野氏が岡本に「言及」しかしていないことと比べても。

そして『君の名は。』のほうは、逆に忠実になぞりすぎて、オリジナルと同じ欠点を共有しているんですね。戦争や原発事故のような社会的悲劇は、「男女の出会い」に還元して語れるものだろうか。悲劇に対する反省を、「恋愛対象の女性を助けたい、それが（すぐには）できなくてすまない」という個人の気持ちとして（＝擬人化して）描いてしまうことで、それは単なるカタルシスに終わってしまうのではないか。そういった批判が敗戦以来、戦争ものメロドラマに対してずっとなされてきたわけです。

そういった昭和の『君の名は』との対照が、これだけ『君の名は。』が国民的映画になっても、広く一般の目に触れる形ではあまりなされなかったように思います。戦争という最大の「物語の培養装置」ですら、こうして人びとの記憶から抜け落ちていき、ただ「今年の話題作はこれ」というモードの反復になっていく。

病気を通じてずいぶん若い人たちとも知りあいになったけど、彼らの世代にとって「ストーリー」とはインスタグラムの一機能のことで、24時間ごとに自動で削除されるんだそうですね。まさしく歴史とは対極だから、「history には story が入っている」といった発想自体（42頁）が、もうオヤジギャグになったんだなと。物語が歴史を作らない時代の入口に、私たちは立っているのかもしれません。

再帰的な「みんな」に埋没しないために

長々とお話ししてきましたが、論旨はシンプルだったと思います。「人間」を単位に、因果関係で物事を捉えて、「よいことが起きたら『すごい人』のおかげ」「嫌なことがあったら『悪いやつ』のせい」みたいな考え方は、やめよう。むしろ私たち一人一人の「あいだ」で働いている、相互的なやりとりの結果としてもたらされる「再帰性」を主人公にして、社会で起きていることを捉えられるようになろう。

本書の37〜38頁に「神さまとか悪魔とか独裁者のような、私たち以外の誰かによって操られているのではない」「変化を起こしている犯人は、実は私たち自身」と書いたのは、その意味です。こういう見方は一見、生活上の実感には反するから、そうした観点を獲得するためのトレーニングの場所として、大学の人文系科目があったということにも触れてきました。

しかし大学に限らず生活のなかでも、考えるきっかけは豊富にあるかもしれない。たとえば「みんな、そう言ってるよ」という言い方を、日常会話でよく耳にしますが、そういうときの「みんな」とは、往々にして再帰的な存在ですよね。具体的にはAさんやBさんといった、せいぜい1〜2人から「みんな言ってるし」と言われただけなのに、聞いた人がそれぞれ別個に「なんか、みんなそうらしいよ」と触れ回ってしまうことで、実際に「みんな」がそうなってしまう。

現代思想に関してぼくが私淑している、仲正昌樹《なかまさまさき》氏の旧著に『「みんな」のバカ！』という新書があります。同書はハイデガーの哲学について、ちょっと面白い翻訳の試みをしている。ハイデガーは呪文めいた独自の用語をつくる人で、「人間本来のあり方から頽落《たいらく》してしまった、劣化形態としての現代人のありさま」を描くときに、「ダス・マン」(das Man) という言葉づかいをしました。

ふつうの翻訳では「世人」と訳したりするのですが、仲正氏はむしろ「みんな」という訳語を充てたほうが、文章としてしっくりくるというのですね。自分たち自身が再帰的に作り上げているにすぎない「みんな」に埋没して、思考停止状態になり、結果的として相互に入れ替えてもなにも支障がないような、没個性的な存在になってしまった人間。自分たちが作り出した道具に逆に支配されるという点では、第９章で見たニーチェの「神」への批判にも通じるように思います。

ですが、問題は「じゃあ、どうするのか」ということです。そして、先ほどあまり「左・右」というレッテルを貼りたくないと言いましたが、あえて冷戦体制崩壊後の現在に通用する左右の定義があるとすれば、この「みんな」状態――再帰性のループからどうやって抜け出るのか、その方法をめぐって左右が分かれるのではないか。

ここで「ものすごく強靭《きょうじん》な精神力を持つ人間になれば、ループを食い破れるのだ」

というふうに考えるのが、ぼくが再定義する右翼の思考法です。たとえばニーチェであれば、もう人間であることはやめて「超人」になれ、という言い方をした。ハイデガーも当初は、自分が他の人（＝みんな）と相互に交換できないものはなんだろうか、と考えて、それは自分の死だと。「他人に自分の死を死んでもらう」ことはできない以上、先駆的に自分の死を見つめてそこから逆算すれば、その人の本来の生き方を取り戻せる、と考えたようです。

もちろん専門家の見解では、ニーチェやハイデガーはそんな自己啓発本みたいに平板なことを言ったのではなく、通常の意味でいう「人間」の概念自体を根底から再構成したのだ、ということになるでしょう。ただ、世の中の圧倒的多数は哲学研究者ではないわけで、どうしても彼らの思想は、そうして人間中心的に（より正確には、既成の人間のイメージに引きずられて）解釈されてしまうのだと思います。だからこそ、難解で知られるドイツの哲学書のなかでも、ひときわ広く読まれてきたのではないでしょうか。

ほんとうに社会を変えるには

それこそ『シン・ゴジラ』ではないですが、ぼくは文芸の世界なら、こうした意味での右翼思想があっていいと思う。人間という存在の宿命的な限界を熟知した上で、それを乗り越えようとする悲壮さにロマンがあるのだから。しかし現実の政治や経済、社会を見る目としては、断固として左翼でなくてはいけないと思っています。もちろんここでいう左翼とは、産業を国有化するとか、ナショナリズムを否定するとかいう意味ではありませんよ。徹底して「人間」を物語の主人公の座から排除し、「再帰性」の相互連関だけを見ていく姿勢を指しています。

やはり第9章で名前を出したフーコーの先生に、アルチュセールという哲学教師がいました。フランス共産党の異端派で、「構造主義的マルクス主義」という、名称だけではなんのことかわからない思想を唱えたとされる人です。

彼は1962年の論文「矛盾と重層的決定」で、教科書的なマルクス主義がいうように経済（下部構造）がそれ以外（政治や文化などの上部構造）を規定してしまうのではなく、むしろ物事はもっと複雑に、重層的に決定されているんだ、と主張したとされます。でもそれなら、もともと間違いだらけのマルクス主義を修正しました、というだけのつまらない話ですよね。ぼくもそこがよくわからなかったのだけど、最近、こういうことかな、と思いはじめました。

第4章の最後でルーマンの法社会学を引きながら、再帰性のループは「ふたつ組み合わせることで安定する」という話を書きました。重層的に決定される、という表現でアルチュセールが言いたいのは、「一見、首尾一貫した鉄壁の秩序があるようにみえても、細かく見ればそれは必ず、複数の再帰性が絡みあって存在している」ということのように思えます。

ぼく自身がちょっと反省しているのですが、本書の第1章（29〜30頁以下）では日本人が「みんな」（ダス・マン）状態になってしまうあり方を、ひとつだけの再帰性で描いていますね。これだとわかりやすいかわりに、実際に社会を分析する上では単純すぎるモデルになっている。

なぜ日本社会では強い個性、強い個人が生まれにくいのか。もっと緻密にみていくと、相互に別個の再帰性が組み合わさって作用していることが見えてきます。たとえば政治の面では、「みんなが強いリーダーになじめないので、根回し上手で『お神輿《みこし》』にのる人がリーダーで居続ける」という再帰性が働いている。

経済的には、「企業が、汎用性の高い『無難でそつのない人』を前提に人事を行い、労働者もその慣行に適応して、個性をアピールしない」という再帰性。文化的には、「趣味が階級ごとに分化しておらず、『全国民向け』の作品ばかりが作られては消費される」という再帰性が、あるかもしれません。

アルチュセールが伝えようとしたのは（ここはちょっと、冷戦下の左翼学者らしいナイーブさもあるのですが）、しかしそれぞれが別個の再帰性である以上、組み合わさっていても必ずどこかに矛盾があるはずだ、という主張だったように思います。じっくり目を凝らすことで、そうした複数の再帰性のあいだの「一番弱い環《わ》」をみつけよう。そこが、社会の変革を切り開く入口になるんだ。そう言いたかったのではないでしょうか。先ほどの例でいうと、政治・経済・文化のそれぞれで「強い個性」を抑圧する再帰性が働いて、日本の社会は変わりようがないように見える。でも、相互の再帰性のすきまを見てみると、たとえばいま、経済界はむしろ政治家に「規制改革を断行できる、強いリーダーシップ」を求めていますよね。つまり、政治と経済の再帰性のあいだが、互いに矛盾してきている。

文化と経済だって、そうでしょう。どちらかというとコアなファンが支えるニッチな監督という位置づけだった新海《しんかい》誠《まこと》氏の『君の名は。』が、記録的なヒットになる反面で、老若男女が安心して見られる「国民的娯楽」を狙った映画が、かえってコケる事例が増えてきました。つまりこれからは、むしろ作家の個性を出して強くエッジを効かせた作品でないと、マーケットでお金を回収できなくなるかもしれない。ここにも矛盾があるわけです。

たとえばそのように、複数の再帰性の「あいだ」に注目できるようになるには、それぞれの分野（に固有の再帰性）を扱う学問のセンスに、浅くではあっても広くなじんでおく必要があります。むろん人文学を中心にした本書では、政治学や経済学には触れられませんでしたが、ぼくはそうした「あいだ」の場所にこそいま、教養というものの意味があると思う。もちろん、それを伝える大学という場の意義も。

本書の再刊に、いまどれほどニーズがあるかはわかりません。しかし、日本が「変わりそこねた」時代でもあった平成をこえて、新しい社会を構想する一助として読んでくださる方がひとりでもいるなら、それだけで以《もっ》て瞑《めい》すべしだな、と思っています。

（談）

further readings もっと学びたい人のために［参考文献］

●＝本文で明示的に言及した文献、○＝それ以外の文献です。
見てみよう、聞いてみよう＝本文の内容と関連する映像、音楽作品などです。
入門的な書物を中心に、おおむね本文の論旨の展開順に並べてあります。

第1章「日本人」は存在するか

●野矢茂樹『哲学の謎』講談社現代新書、1996
●高野陽太郎『「集団主義」という錯覚　日本人論の思い違いとその由来』新曜社、2008
●ロバート・K・マートン『社会理論と社会構造』森東吾・森好夫・金沢実・中島竜太郎（訳）、みすず書房、1961（原著1949／1957）
●マイケル・S－Y・チウェ『儀式は何の役に立つか　ゲーム理論のレッスン』安田雪（訳）、新曜社、2003（原著2001）
○安冨歩『貨幣の複雑性　生成と崩壊の理論』創文社、2000
●アンソニー・ギデンズ『近代とはいかなる時代か？　モダニティの帰結』松尾精文・小幡正敏（訳）、而立書房、1993（原著1990）

第2章「日本史」はなぜ間違えるか

○東島誠・與那覇潤『日本の起源』太田出版、２０１３
●中川敏『モノ語りとしてのナショナリズム　理論人類学的探求』金子書房、１９９６
●宮台真司『14歳からの社会学　これからの社会を生きる君に』ちくま文庫、２０１３（原著２００８）
●浅羽通明『昭和三十年代主義　もう成長しない日本』幻冬舎、２００８
●岩本通弥「都市化に伴う家族の変容」沢山美果子ほか『「家族」はどこへいく』青弓社ライブラリー、２００７（ｐｐ．１８７－２２９）
●河合幹雄『安全神話崩壊のパラドックス　治安の法社会学』岩波書店、２００４
○鮎川潤『少年犯罪　ほんとうに多発化・凶悪化しているのか』平凡社新書、２００１
●大澤真幸『不可能性の時代』岩波新書、２００８
●有馬学『日本の歴史23　帝国の昭和』講談社学術文庫、２０１０（原著２００２）
○松田利彦『戦前期の在日朝鮮人と参政権』明石書店、１９９５
〔●ヘイドン・ホワイト『メタヒストリー　一九世紀ヨーロッパにおける歴史的想像力』岩崎稔（監訳）、作品社、２０１７（原著１９７３）〕
●小熊英二『〈日本人〉の境界　沖縄・アイヌ・台湾・朝鮮　植民地支配から復帰運動まで』新曜社、１９９８

見てみよう

山崎貴監督、西岸良平原作『ＡＬＷＡＹＳ　三丁目の夕日』２００５
呉徳洙監督『戦後在日五〇年史　在日　歴史篇』１９９７

第3章　「日本国籍」に根拠はあるか

●法務省民事局内法務研究会（編）『改正国籍法・戸籍法の解説』金融財政事情研究会、1985
●嘉本伊都子『国際結婚の誕生　〈文明国日本〉への道』新曜社、2001
●奥田安弘『補訂版　家族と国籍　国際化の進むなかで』有斐閣選書、2003（原著1996）（→全面改訂して『家族と国籍　国際化の安定のなかで』明石書店、2017）
○遠藤正敬『戸籍と国籍の近現代史　民族・血統・日本人』明石書店、2013
○陳天璽『無国籍』新潮文庫、2011（原著2005）
●岩本通弥「『家』と血縁幻想　親子の〝絆〟をめぐる民俗的思考」佐野賢治・谷口貢・中込睦子・古家信平（編）『現代民俗学入門』吉川弘文館、1996（pp.127‐137）
●E.E.エヴァンズ＝プリチャード『ヌアー族の親族と結婚』長島信弘・向井元子（訳）、岩波書店、1985（原著1951）
●浜本満『秩序の方法　ケニア海岸地方の日常生活における儀礼的実践と語り』弘文堂、2001
●清水昭俊「『血』の神秘　親子のきずなを考える」田辺繁治（編）『人類学的認識の冒険　イデオロギーとプラクティス』同文舘、1989（pp.45‐68）

第4章　「日本民族」とは誰のことか

○古厩忠夫「20世紀中国における人民・国民・公民」西村成雄（編）『現代中国の構造変動3　ナショナリズム』東京大学出版会、2000（pp.227‐252）
○韓錦春・李毅夫「中国語の『民族』ということばの出現と初期の使用例」辻田智子（訳）『立命館言語文化研究』7巻4号、1996（原著1984、pp.97‐115）

●坂野徹『帝国日本と人類学者　1884－1952年』勁草書房、2005
●鹿野政直『沖縄の淵　伊波普猷とその時代』岩波書店、1993
○山田輝子『ウルトラマンを創った男　金城哲夫の生涯』朝日文庫、1997（原著1992）
●切通理作『怪獣使いと少年　ウルトラマンの作家たち』宝島社文庫、2000（原著1993）（→増補新装版、洋泉社、2015）
●佐藤健志『ゴジラとヤマトとぼくらの民主主義』文藝春秋、1992
○古田元夫「地域区分論　つくられる地域、こわされる地域」樺山紘一ほか（編）『岩波講座世界歴史1　世界史へのアプローチ』岩波書店、1998（pp.37－53）
●福井康太『法理論のルーマン』勁草書房、2002
○與那覇潤『翻訳の政治学　近代東アジア世界の形成と日琉関係の変容』岩波書店、2009

見てみよう

琉球放送『金城哲夫、西へ！　沖縄の流星が生んだウルトラ伝説』2005（DVD）

第5章　「日本文化」は日本風か

●レイモンド・ウィリアムズ『完訳　キーワード辞典』椎名美智・武田ちあき・越智博美・松井優子（訳）、平凡社ライブラリー、2011（原著1976／1983）
○今井道兒『「文化」の光景　概念とその思想の小史』同学社、1996
○西川長夫『増補　国境の越え方　国民国家論序説』平凡社ライブラリー、2001（原著1992）
●佐藤良明『J－POP進化論　「ヨサホイ節」から「Automatic」へ』平凡社新書、1999
●渡辺裕『歌う国民　唱歌、校歌、うたごえ』中公新書、2010

●猪瀬直樹『猪瀬直樹著作集９　唱歌誕生　ふるさとを創った男』小学館、２００２（原著１９９０、文春文庫版も有）〔→中公文庫、２０１３〕
●渡辺裕『日本文化　モダン・ラプソディ』春秋社、２００２
●渡辺裕『宝塚歌劇の変容と日本近代』新書館、１９９９
○ジェニファー・ロバートソン『踊る帝国主義　宝塚をめぐるセクシュアルポリティクスと大衆文化』堀千恵子（訳）、現代書館、２０００（原著１９９８）
○輪島裕介『創られた「日本の心」神話　「演歌」をめぐる戦後大衆音楽史』光文社新書、２０１０
○藤川隆男（編）『白人とは何か？　ホワイトネス・スタディーズ入門』刀水書房、２００５

聞いてみよう

『螢の光のすべて』キングレコード、２００２（ＣＤ）
『響演　春の海』日本伝統文化振興財団、２００５（ＣＤ）

第６章　「世界」は日本をどう見てきたか

●エドワード・Ｗ・サイード『オリエンタリズム』今沢紀子（訳）、平凡社ライブラリー、１９９３（原著１９７８）
○中川織江『セッシュウ！　世界を魅了した日本人スター・早川雪洲』講談社、２０１２
●ジョン・Ｗ・ダワー『容赦なき戦争　太平洋戦争における人種差別』斎藤元一（訳）、平凡社ライブラリー、２００１（原著１９８６）
●浜野保樹『偽りの民主主義　ＧＨＱ・映画・歌舞伎の戦後秘史』角川書店、２００８
●貴堂嘉之「アメリカ合衆国における『人種混交』幻想　セクシュアリティがつくる『人種』」

竹沢泰子（編）『人種の表象と社会的リアリティ』岩波書店、2009（pp.28-56）
●船曳建夫『「日本人論」再考』講談社学術文庫、2010（原著2003）
○青木保『「日本文化論」の変容　戦後日本の文化とアイデンティティー』中公文庫、1999（原著1990）
●藤田雄二「近世日本における自民族中心的思考」『思想』832号、1993（pp.106-129）

見てみよう

セシル・B・デミル監督『チート』1915
デヴィッド・リーン監督、ピエール・ブール原作『戦場にかける橋』1957
ジョシュア・ローガン監督、ジェームズ・ミッチェナー原作『サヨナラ』1957

第7章「ジャパニメーション」は鳥獣戯画か

○岩上安身「『キン肉マン』『聖闘士星矢』が引き起こした〈日仏アニメ摩擦〉」『別冊宝島117 変なニッポン』JICC出版局、1990（pp.28-37）
●フィリップ・アリエス『〈子供〉の誕生　アンシァン・レジーム期の子供と家族生活』杉山光信・杉山恵美子（訳）、みすず書房、1980（原著1960）
●手塚治虫『増補　観たり撮ったり映したり』キネマ旬報社、1995（原著1986）
●大塚英志『サブカルチャー反戦論』角川文庫、2003（原著2001）
●大塚英志・大澤信亮『「ジャパニメーション」はなぜ敗れるか』角川oneテーマ21、2005
○大橋洋一『新文学入門　T・イーグルトン「文学とは何か」を読む』岩波書店、1995

○廣野由美子『批評理論入門　「フランケンシュタイン」解剖講義』中公新書、2005
●佐野明子「漫画映画の時代　トーキー移行期から大戦期における日本アニメーション」加藤幹郎（編）『映画学的想像力　シネマ・スタディーズの冒険』人文書院、2006（pp.96-127）
○與那覇潤「謎を謎のまま忘れないでいるために　戦後映画史のなかの『火垂るの墓』」『ジブリの教科書4　火垂るの墓』文春ジブリ文庫、2013（pp.82-93）
●白石さや『グローバル化した日本のマンガとアニメ』学術出版会、2013

見てみよう

大友克洋監督・原作『AKIRA』1988
ジェームズ・キャメロン監督『ターミネーター2』1991

第8章　「物語」を信じられるか

●ジャン＝ミシェル・フロドン『映画と国民国家』野崎歓（訳）、岩波書店、2002（原著1998）
●小島毅『靖国史観　幕末維新という深淵』ちくま新書、2007（→増補版、ちくま学芸文庫、2014）
●ベネディクト・アンダーソン『定本　想像の共同体　ナショナリズムの起源と流行』白石隆・白石さや（訳）、書籍工房早山、2007（原著1983／1991）
●新田一郎『中世に国家はあったか』山川日本史リブレット、2004
●黒田日出男『龍の棲む日本』岩波新書、2003
●渡辺浩『増補　近世日本社会と宋学』東京大学出版会、2010（原著1985）

○ミック・ブロデリック（編）『ヒバクシャ・シネマ　日本映画における広島・長崎と核のイメージ』柴崎昭則・和波雅子（訳）、現代書館、1999（原著1996）
○與那覇潤『帝国の残影　兵士・小津安二郎の昭和史』NTT出版、2011
○古市憲寿『誰も戦争を教えてくれなかった』講談社、2013（↓『誰も戦争を教えられない』講談社＋α文庫、2015）
●ジャン＝フランソワ・リオタール『ポスト・モダンの条件　知・社会・言語ゲーム』小林康夫（訳）、水声社、1986（原著1979）
○東浩紀『動物化するポストモダン　オタクから見た日本社会』講談社現代新書、2001
○宇野常寛『ゼロ年代の想像力』ハヤカワ文庫、2011（原著2008）

見てみよう

黒澤明監督『素晴らしき日曜日』1947
本多猪四郎監督、香山滋原作『ゴジラ』1954
北村龍平監督『GODZILLA FINAL WARS』2004

第9章「人間」の範囲はどこまでか

●ダナ・ハラウェイ『猿と女とサイボーグ　自然の再発明』高橋さきの（訳）、青土社、2000（原著1991）（↓新装版、青土社、2017）
●高橋透『サイボーグ・フィロソフィー　「攻殻機動隊」「スカイ・クロラ」をめぐって』NTT出版、2008
○加藤幹郎『「ブレードランナー」論序説　映画学特別講義』筑摩書房、2004
●モーリス・メルロ＝ポンティ『知覚の現象学』中島盛夫（訳）、法政大学出版局、2009

（原著1945）
○貫成人『真理の哲学』ちくま新書、2008
●フリードリヒ・ニーチェ『道徳の系譜学』中山元（訳）、光文社古典新訳文庫、2009（原著1887）
●ミシェル・フーコー『言葉と物　人文科学の考古学』渡辺一民・佐々木明（訳）、新潮社、1974（原著1966）
○檜垣立哉『フーコー講義』河出ブックス、2010
○生命倫理会議（編）『いのちの選択　今、考えたい脳死・臓器移植』岩波ブックレット、2010
○ウルリッヒ・ベック『世界リスク社会論　テロ、戦争、自然破壊』島村賢一（訳）、ちくま学芸文庫、2010（原著1997／2002）
●宮台真司『絶望　断念　福音　映画　「社会」から「世界」への架け橋』メディアファクトリー、2004

見てみよう

リドリー・スコット監督、フィリップ・K・ディック原作『ブレードランナー』1982
押井守監督『イノセンス』2004

第10章　「正義」は定義できるか

●小林和之『「おろかもの」の正義論』ちくま新書、2004
○マイケル・サンデル『これからの「正義」の話をしよう　いまを生き延びるための哲学』鬼澤忍（訳）、ハヤカワ文庫、2011（原著2009）

○山脇直司『ヨーロッパ社会思想史』東京大学出版会、1992
○児玉聡『功利主義入門　はじめての倫理学』ちくま新書、2012
○岡本裕一朗『異議あり！　生命・環境倫理学』ナカニシヤ出版、2002
●立岩真也『私的所有論　第2版』生活書院、2013（原著1997）
●岸本美緒・宮嶋博史『世界の歴史12　明清と李朝の時代』中公文庫、2008（原著1998）
○溝口雄三・池田知久・小島毅『中国思想史』東京大学出版会、2007
○北田暁大『責任と正義　リベラリズムの居場所』勁草書房、2003
●吉野源三郎『吉野源三郎全集1　君たちはどう生きるか』ポプラ社、1967（原著1937／1956）〔→ポプラポケット文庫、2011。なお底本の関係で、岩波文庫版・マガジンハウス版には、本書で引用した一節はない〕
●浅田彰『構造と力　記号論を超えて』勁草書房、1983

解説にかえて　平成のおわりから教養のはじまりへ

●山田正紀『宝石泥棒　新装版』ハルキ文庫、2015（原著1980、エピグラフはp.358）
●エリック・ブリニョルフソン、アンドリュー・マカフィー『機械との競争』村井章子（訳）、日経BP社、2013（原著2011）
●與那覇潤『増補　中国化する日本　日中「文明の衝突」一千年史』文春文庫、2014（原著2011）
●與那覇潤『知性は死なない　平成の鬱をこえて』文藝春秋、2018
●カール・マルクス『マルクス・コレクションV　資本論　第一巻　下』今村仁司・三島憲一・

鈴木直（訳）、筑摩書房、２００５（原著１８６７）
○波多野澄雄『国家と歴史　戦後日本の歴史問題』中公新書、２０１１
●リヒャルト・フォン・ヴァイツゼッカー『新版　荒れ野の40年　ヴァイツゼッカー大統領ドイツ終戦40周年記念演説』岩波ブックレット、２００９（初出１９８５）
●加藤典洋『敗戦後論』ちくま学芸文庫、２０１５（原著１９９７）
●小林よしのり『新・ゴーマニズム宣言ＳＰＥＣＩＡＬ　戦争論』幻冬舎、１９９８
○秦郁彦『陰謀史観』新潮新書、２０１２
●花田紀凱（編）『田母神俊雄　全一巻』Ｗｉ L L増刊２００９年８月号
●孫崎亨『戦後史の正体　１９４５〜２０１２』創元社、２０１２
●白井聡『永続敗戦論　戦後日本の核心』講談社＋α文庫、２０１６（原著２０１３）
●吉本隆明『改訂新版　共同幻想論』角川ソフィア文庫、１９８２（原著１９６８）
○岡本喜八『しどろもどろ　映画監督岡本喜八対談集』ちくま文庫、２０１２
●仲正昌樹『「みんな」のバカ！　無責任になる構造』光文社新書、２００４
●ルイ・アルチュセール『マルクスのために』河野健二・田村俶・西川長夫（訳）、平凡社ライブラリー、１９９４（原著１９６５）
○塩沢由典『複雑系経済学入門』生産性出版、１９９７

見てみよう

山本薩夫監督、小林久三原作『皇帝のいない八月』１９７８
岡本喜八監督、半藤一利原作『日本のいちばん長い日』１９６７
庵野秀明総監督、樋口真嗣監督『シン・ゴジラ』２０１６
新海誠監督『君の名は。』２０１６

本書は、二〇一三年十月、書き下ろし単行本として
集英社インターナショナルより刊行されました。
文庫化にあたり、書き下ろしの「解説にかえて」を
加えました。

編集協力　岡田仁志
図版作成　タナカデザイン

集英社文庫　目録（日本文学）

柚月裕子　慈雨
夢枕獏　神々の山嶺《いただき》（上）（下）
夢枕獏　黒塚 KUROZUKA
夢枕獏　ものいふ髑髏《どくろ》
夢枕獏　秘伝「書く」技術
養老静江　ひとりでは生きられない ある女医の95年
横幕智裕 周良貨／能田茂・原作　監査役 野崎修平
横森理香　凍った蜜の月
横森理香　30歳からハッピーに生きるコツ
横山秀夫　第三の時効
吉川トリコ　しゃぼん
吉川トリコ　夢見るころはすぎない
吉川永青　闘鬼 斎藤一
吉木伸子　スーパースキンケア術 あなたの肌はまだまだキレイになる
吉沢久子　老いをたのしんで生きる方法
吉沢久子　老いのさわやかひとり暮らし

吉沢久子　花の家事ごよみ 四季を楽しむ暮らし方
吉沢久子　老いの達人幸せ歳時記
吉沢久子　吉沢久子100歳のおいしい台所
吉田修一　初恋温泉
吉田修一　あの空の下で
吉田修一　空の冒険
吉田修一　作家と一日
吉田修一　泣きたくなるような青空
吉田修一　最後に手にしたいもの
吉永小百合　夢の続き
吉村達也　やさしく殺して
吉村達也　別れてください
吉村達也　セカンド・ワイフ
吉村達也　禁じられた遊び
吉村達也　私の遠藤くん
吉村達也　家族会議

吉村達也　可愛いベイビー
吉村達也　危険なふたり
吉村達也　ディープ・ブルー
吉村達也　生きてるうちに、さよならを
吉村達也　鬼の棲む家
吉村達也　怪物が覗く窓
吉村達也　悪魔が囁く教会
吉村達也　卑弥呼の赤い罠
吉村達也　飛鳥の怨霊の首
吉村達也　陰陽師暗殺
吉村達也　十三匹の蟹
吉村達也　それは経費で落とそう
吉村達也　「会社を休みましょう」殺人事件
吉村達也　OL捜査網
吉村達也　悪魔の手紙 ヨコハマOL探偵団
吉村龍一　旅のおわりは

集英社文庫　目録（日本文学）

吉村龍一　真夏のバディ
よしもとばなな　鳥たち
吉行あぐり　吉行和子　あぐり白寿の旅
吉行淳之介　子供の領分
與那覇潤　日本人はなぜ存在するか
米澤穂信　追想五断章
米澤穂信　本と鍵の季節
米原万里　オリガ・モリソヴナの反語法
米山公啓　医者の上にも3年
米山公啓　命の値段が決まる時
リービ英雄　模範郷
隆慶一郎　一夢庵風流記
隆慶一郎　かぶいて候
連城三紀彦　美女
連城三紀彦　隠れ菊(上)(下)
わかぎゑふ　秘密の花園

わかぎゑふ　ばかちらし
わかぎゑふ　大阪の神々
わかぎゑふ　花咲くばか娘
わかぎゑふ　大阪弁の秘密
わかぎゑふ　大阪人の掟
わかぎゑふ　大阪人、地球に迷う
わかぎゑふ　正しい大阪人の作り方
若桑みどり　クアトロ・ラガッツィ(上)(下)　天正少年使節と世界帝国
若竹七海　サンタクロースのせいにしよう
若竹七海　スクランブル
和久峻三　夢の浮橋殺人事件　あんみつ検事の捜査ファイル
和久峻三　女検事の涙は乾く　あんみつ検事の捜査ファイル
和田秀樹　痛快！心理学 入門編　―なぜ僕らの心は壊れてしまうのか
和田秀樹　痛快！心理学 実践編　―どうしたら私たちはハッピーになれるのか
渡辺淳一　白き狩人
渡辺淳一　麗《うるわ》しき白骨

渡辺淳一　遠き落日(上)(下)
渡辺淳一　わたしの女神たち
渡辺淳一　新釈・からだ事典
渡辺淳一　シネマティク恋愛論
渡辺淳一　夜に忍びこむもの
渡辺淳一　これを食べなきゃ
渡辺淳一　新釈・びょうき事典
渡辺淳一　源氏に愛された女たち
渡辺淳一　マイ センチメンタルジャーニィ
渡辺淳一　ラヴレターの研究
渡辺淳一　夫というもの
渡辺淳一　流氷への旅
渡辺淳一　うたかた
渡辺淳一　くれなゐ
渡辺淳一　野わけ
渡辺淳一　化身(上)(下)

集英社文庫　目録（日本文学）

集英社文庫

日本人《にほんじん》はなぜ存在《そんざい》するか

2018年5月25日　第1刷
2021年10月11日　第2刷

定価はカバーに表示してあります。

著　者　與那覇《よなは》　潤《じゅん》

発行者　徳永　真

発行所　株式会社　集英社
東京都千代田区一ツ橋2-5-10　〒101-8050
電話　【編集部】03-3230-6095
【読者係】03-3230-6080
【販売部】03-3230-6393（書店専用）

印　刷　大日本印刷株式会社

製　本　ナショナル製本協同組合

フォーマットデザイン　アリヤマデザインストア　　マークデザイン　居山浩二

ISBN978-4-08-745739-1 C0195